kochen & genießen

Suppen und Eintöpfe

MOEWIG

„Gelingt immer!" steht auf dem Garantiesiegel des Buchcovers. Dieser Qualitätsanspruch ist uns wichtig, damit bei Ihnen zu Hause auch wirklich alles reibungslos klappt. **Dafür wird jedes Rezept von unserer Redaktion mehrfach getestet.** Ernährungswissenschaftler kochen die Rezepte in unserer Versuchsküche nach. Die Foodstylisten verwenden für die Fotos nur echte Lebensmittel, damit alles natürlich ist und auch so aussieht. Nur wenn die Rezepte perfekt gelingen, veröffentlichen wir sie. Dafür steht unser Siegel.

Moewig ist ein Imprint der Edel Germany GmbH

www.moewig.de | www.edel.com
1. Auflage 2013

Redaktion kochen & genießen:
Chefredakteur: Götz Poggensee
Konzeption, Text & Redaktion: Stefanie Clausen
Redaktion: Angela Berger, Kathrin Schmuck
Schlussredaktion: Silke Schlichting

Grafisches Konzept & Layout:
Marion Müller, mal 3 Büro für Mediendesign

Fotos: Food & Foto, Hamburg;
S. 186: WMF (1)

Druck & Bindung:
optimal media GmbH, Glienholzweg 7
17207 Röbel / Müritz

Printed in Germany

ISBN 978-3-86803-533-9

Bunte Vielfalt aus einem Topf

Mit einer heißen Suppe verbindet man Wärme, Liebe und Wohltat für die Seele. Da ist was Wahres dran, sie schließt vorweg den Magen auf und kräftigt bei Erkältung. Und schon beim Kochen werden Sie feststellen: Eine Suppe zu kochen bringt Spaß, ist preiswert und unkompliziert.

In diesem Buch finden Sie für jede Gelegenheit das richtige Rezept. Ob klar oder cremig, schnell oder edel, mit Fleisch oder auch vegetarisch – bei unseren Ideen ist für jeden Geschmack etwas dabei. Würzige Currys und zarte Ragouts machen die Abwechslung komplett.

Von der feinen Vorsuppe über blitzschnelle Süppchen bis hin zu leichten Varianten oder deftigen Eintöpfen finden Sie eine riesige Auswahl an verführerischen Rezepten, die garantiert gelingen und schmecken. Vieles ist ideal für die kältere Jahreszeit, eben zum Durchwärmen. Anderes hat auch im Sommer Saison, wie die herzhaften und süßen Kaltschalen und frische Gemüsesuppen. Wer gern von Grund auf sein Süppchen selbst kochen möchte, findet hier Anleitungen für kräftige Rinder-, Hühner-, Gemüse- und Fischbrühen. Sie bilden die gesunde und schmackhafte Basis für die feinsten klaren oder cremigen Suppen.

Neben einer bunten Mischung der leckersten Rezepte von klassisch deutsch bis international finden Sie nützliche Tipps zur gesunden Ernährung, zum Kochen und zur Warenkunde. Und nun fangen Sie an zu blättern und suchen sich was Leckeres aus. Viel Spaß beim Auslöffeln!

Ihre Redaktion
kochen & genießen

Inhalt

Mengenlehre & Abkürzungen

Umrechnungen

1 l = 1000 ml
½ l = 500 ml
¼ l = 250 ml
⅛ l = 125 ml
1 kg = 1000 g
1 Pfund = 500 g
1 Tasse = 150 ml
1 Schnapsglas = 20 ml
1 Wasserglas = 200 ml

Begriffe

Prise = Menge, die zwischen Daumen und Zeigefinger passt

Messerspitze = Menge an gemahlenen Zutaten, die auf einer Messerspitze haften bleibt

Schuss = kurzes Umkippen einer Flasche über dem Topf

Verwendete Abkürzungen

TL = Teelöffel
EL = Esslöffel
Msp. = Messerspitze
TK = Tiefkühlprodukt
g = Gramm
kg = Kilogramm
ml = Milliliter
l = Liter
Auskühlzeit = vollständig ausgekühlt
Abkühlzeit = etwas abgekühlt
E = Eiweiß
F = Fett
KH = Kohlenhydrate
kcal = Kilokalorien

Löffelmaße

1 TL (gestrichen):
Backpulver = 3 g
Mehl = 5 g
Zucker = 5 g
Speisestärke = 3 g
Butter = 5 g
Öl = 3 g
Essig = 3 g
Ketchup/Senf/Mayonnaise = 5 g

1 EL (gestrichen):
Mehl = 10 g
Zucker = 15 g
Speisestärke = 8 g
Butter = 10 g
Flüssigkeit = 10 g
süße Sahne = 10 g
Öl = 10 g
Essig = 10 g
fein gehackte Kräuter = 3 g

1 EL (leicht gehäuft):
Mehl = 15 g
Zucker = 20 g
Speisestärke = 10 g
Butter = 15 g
Ketchup/Senf/Mayonnaise = 15 g

1 EL (gehäuft):
Mehl = 20 g
Zucker = 25 g
Speisestärke = 15 g

Nährwerte

1 g Eiweiß = 4,1 kcal
1 g Fett = 9,3 kcal
1 g Kohlenhydrate = 4,1 kcal
1 kcal = 4,2 kJ (Kilojoule)
1 kJ = 0,24 kcal

Hinweise zu den Zeitangaben

Die Back- und Wartezeiten werden gesondert ausgewiesen und sind in der Zubereitungszeit nicht enthalten. Alle Zeiten (Zubereitungs- und Vorbereitungszeiten, Garzeiten) sind Richtwerte und können je nach persönlichen Fähigkeiten (bzw. der Qualität des Ofens und Herdes) variieren.

Ob Sie die Zutaten lieber mit Löffel, Messbecher, Tasse oder Küchenwaage abmessen, hängt von Ihren Vorlieben und Gewohnheiten ab.

Ein Süppchen vorweg

Sie wärmen den Magen und stimmen auf Genuss ein: Leckere Vorsuppen für Menüs und Buffets machen Appetit

Rezept auf Seite 14

Möhren-Tomaten-Suppe

ZUTATEN FÜR 4 PERSONEN

- 500 g Tomaten
- ½ Staude Stangensellerie
- 400 g Möhren
- 1 Zwiebel
- 1–2 Knoblauchzehen
- 2 EL Olivenöl
- 2 TL Gemüsebrühe (oder ½ l frisch gekochte Gemüsebrühe, s. S. 185)
- 2–4 Stiele Thymian
- 100 g Schlagsahne
- Salz • Pfeffer • Zucker
- 4 Scheiben Putenbrustaufschnitt

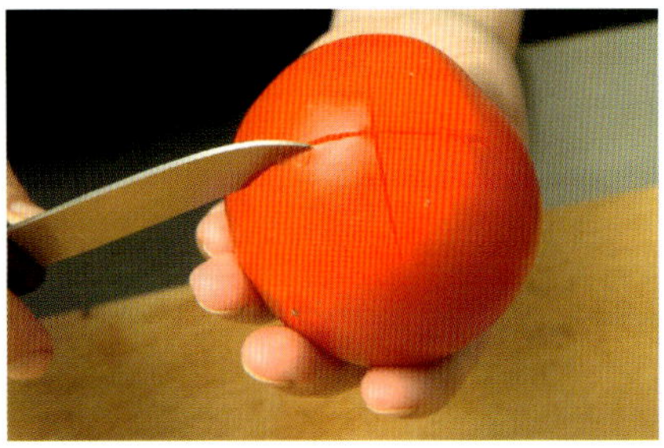

1 Tomaten waschen, kreuzweise einritzen und kurz überbrühen. Dann abschrecken und die Haut abziehen. Tomaten vierteln und entkernen. Fruchtfleisch würfeln. Sellerie und Möhren putzen, waschen und in Scheiben schneiden. Zwiebel und Knoblauch schälen, fein würfeln.

2 Öl in einem Topf erhitzen. Zwiebel, Knoblauch, Möhren und Sellerie darin ca. 3 Minuten andünsten. Tomatenwürfel zugeben, kurz mitdünsten. Gut ½ l Wasser und Brühe einrühren. Alles aufkochen und zugedeckt ca. 25 Minuten köcheln.

3 Thymian waschen und etwas zum Garnieren beiseite legen. Rest abzupfen und ca. 15 Minuten mitkochen. Suppe pürieren und mit Sahne verfeinern. Mit Salz, Pfeffer und 1 Prise Zucker abschmecken. Mit Putenbrust anrichten, mit Thymian garnieren.

ZUBEREITUNGSZEIT ca. 50 Min.
PORTION ca. 190 kcal
4 g E • 14 g F • 11 g KH

Kartoffelcremesuppe mit Radieschen

ZUTATEN FÜR 4 PERSONEN

- 1 mittelgroße Zwiebel
- 500 g Kartoffeln
- 1–2 EL Öl
- 100 g Schinkenwürfel (Packung)
- 3 TL Gemüsebrühe (oder ¾ l frisch gekochte Gemüsebrühe, s. S. 185)
- 1 großes Bund Radieschen
- ½ Beet Kresse oder Radieschensprossen
- 150 g Crème fraîche
- Salz • Pfeffer

1 Zwiebel schälen und fein hacken. Kartoffeln schälen, waschen und in Würfel schneiden.

2 Öl in einem Topf erhitzen. Schinkenwürfel darin anbraten, herausnehmen. Zwiebel und Kartoffeln im heißen Bratfett andünsten. ¾ l Wasser angießen, aufkochen und Brühe einrühren. Zugedeckt ca. 20 Minuten köcheln.

3 Radieschen putzen, waschen und 3 Stück beiseite legen. Rest grob zerkleinern. In die Suppe geben und ca. 5 Minuten mitkochen.

4 Kresse abspülen und vom Beet schneiden. Übrige Radieschen in feine Streifen schneiden. Suppe fein pürieren. Crème fraîche und Schinken einrühren. Mit Salz und Pfeffer abschmecken. Suppe anrichten, mit Kresse und Radieschenstreifen bestreuen.

ZUBEREITUNGSZEIT ca. 50 Min.
PORTION ca. 320 kcal
8 g E • 22 g F • 20 g KH

Extra-Info

Radieschen enthalten reichlich Vitamin C. In den Blättern steckt davon sogar noch mehr als in den Knollen. Also ruhig ein paar Blättchen mitverwenden. Gründlich waschen und wie Kräuter schneiden.

Spargelcremesuppe mit Kräuterrahm

ZUTATEN FÜR 4 PERSONEN

- 500 g weißer Spargel
- Salz • Zucker
- je 2–3 Stiele Petersilie und Basilikum
- 125 g + 125 g Schlagsahne
- 1 EL Öl
- 3 EL Butter/Margarine
- 3 leicht gehäufte EL Mehl
- 5–7 EL trockener Weißwein
- weißer Pfeffer

1 Spargel waschen, schälen und die holzigen Enden abschneiden. Spargelschalen und -enden in 1 l kochendem Wasser mit je etwas Salz und Zucker zugedeckt ca. 10 Minuten köcheln. Spargel in Stücke schneiden.

2 Spargelschalen und -enden abgießen, dabei Fond auffangen, zurück in den Topf gießen und aufkochen. Spargelstücke darin zugedeckt ca. 15 Minuten garen.

3 Kräuter waschen und etwas Basilikum beiseite legen, Rest fein schneiden. 125 g Sahne halbsteif schlagen. Öl und Kräuter darunterrühren. Spargel abgießen, den Fond dabei auffangen.

4 Fett erhitzen. Mehl darin anschwitzen. Nach und nach Fond und 125 g flüssige Sahne einrühren. Aufkochen und ca. 5 Minuten köcheln. Wein einrühren. Suppe mit Salz und Pfeffer abschmecken und den Spargel darin erhitzen. Mit je 1 Klecks Kräuterrahm anrichten. Mit Rest Basilikum garnieren.

ZUBEREITUNGSZEIT ca. 1 Std.
PORTION ca. 330 kcal
4 g E • 29 g F • 9 g KH

Extra-Tipp

Auch praktisch für den Vorrat: Spargelfond lässt sich prima einfrieren. Er ist eine ideale Basis für Suppen und helle Soßen.

Frühlingssuppe mit Flädle

ZUTATEN FÜR 4 PERSONEN

- 2 leicht gehäufte EL Mehl
- 1 Ei
- 5 EL Milch
- Salz • Muskat • Pfeffer
- 4–5 Stiele Petersilie
- 1 kleiner Kohlrabi
- 2 kleine Möhren
- 1 Lauchzwiebel oder 1 kleine Zwiebel
- 2 EL Öl
- 2 EL Gemüsebrühe (oder 1 l frisch gekochte Gemüsebrühe, s. S. 185)
- 50 g Zuckerschoten oder TK-Erbsen

1 Mehl, Ei und Milch glatt verrühren. Mit Salz und Muskat würzen. Petersilie waschen, abzupfen, fein hacken und die Hälfte unter den Teig rühren. Ca. 15 Minuten quellen lassen.

2 Gemüse schälen bzw. putzen und waschen. Kohlrabi in feine Streifen, Möhren in Scheiben und Lauchzwiebel in dünne Ringe schneiden.

3 1 EL Öl in einer beschichteten Pfanne erhitzen. 1–2 Pfannkuchen darin backen. Etwas abkühlen lassen, aufrollen und in Streifen schneiden.

4 Lauchzwiebel in 1 EL Öl andünsten. 1 l Wasser und Brühe zugeben, aufkochen. Möhren und Kohlrabi darin ca. 8 Minuten garen. Zuckerschoten waschen, zufügen und Suppe ca. 2 Minuten weitergaren. Flädle und Rest Petersilie zugeben. Mit Salz und Pfeffer abschmecken.

ZUBEREITUNGSZEIT ca. 40 Min.
QUELLZEIT ca. 15 Min.
PORTION ca. 150 kcal
4 g E • 10 g F • 10 g KH

Cremige Kartoffel-Kerbel-Suppe

ZUTATEN FÜR 4 PERSONEN

- **1 Zwiebel**
- **1–2 mittelgroße Möhren**
- **500 g Kartoffeln**
- **2 EL Öl**
- **3–4 TL Gemüsebrühe (oder 1 l frisch gekochte Gemüsebrühe, s. S. 185)**
- **1 Bund Schnittlauch**
- **½ Bund Petersilie**
- **½ Bund/Töpfchen Kerbel**
- **100 g Schlagsahne**
- **Salz • Pfeffer • Muskat**

1 Zwiebel schälen und würfeln. Möhren und Kartoffeln schälen, waschen und in grobe Würfel schneiden.

2 Öl in einem Topf erhitzen. Zwiebel, Möhren und Kartoffeln darin andünsten. Ca. 1 l Wasser und Brühe zufügen. Alles aufkochen und zugedeckt ca. 15 Minuten köcheln lassen.

3 Kräuter waschen, trocken schütteln und in Röllchen schneiden bzw. hacken. 2 EL Kräuter beiseite legen, Rest in die Brühe geben. Alles fein pürieren.

4 Sahne halbsteif schlagen, Hälfte in die Suppe rühren. Mit Salz, Pfeffer und Muskat abschmecken. Mit übriger Sahne und restlichen Kräutern anrichten.

ZUBEREITUNGSZEIT ca. 40 Min.
PORTION ca. 220 kcal
3 g E • 13 g F • 20 g KH

Extra-Tipp

Wenn Gäste kommen, können Sie die Suppe noch verfeinern: Lecker sind z. B. Forellenfilets, Räucherlachs, Schinkenstreifen oder Brätbällchen als Einlage. Wenn's ohne Fleisch sein soll: geröstete Pinienkerne oder Mandelblättchen.

Curry-Gemüsesuppe

ZUTATEN FÜR 4 PERSONEN

- 1 Zwiebel
- 200 g Knollensellerie
- 2 mittelgroße Möhren
- 1 kleiner Kohlrabi
- 1 Stange Porree (ca. 200 g; Lauch)
- 2 EL Öl
- Salz • Pfeffer • Zucker
- ½–1 TL Curry
- evtl. 1–2 EL Gemüsebrühe
- 1–2 Lorbeerblätter

1 Zwiebel schälen und fein würfeln. Sellerie, Möhren und Kohlrabi schälen, waschen und fein würfeln. Porree putzen, waschen und in feine Ringe schneiden.

2 Öl in einem Topf erhitzen. Zwiebel darin glasig dünsten. Übriges Gemüse zufügen und ca. 3 Minuten mitdünsten. Mit Salz und Pfeffer würzen. Curry darüberstäuben und anschwitzen. Mit ca. 1 l Wasser ablöschen, aufkochen. Brühe und Lorbeer zufügen. Zugedeckt 10–15 Minuten köcheln.

3 Suppe mit Salz, Pfeffer und 1 Prise Zucker abschmecken. Lorbeer entfernen. Dazu schmeckt frisches Baguette.

ZUBEREITUNGSZEIT ca. 40 Min.
PORTION ca. 90 kcal
3 g E · 5 g F · 8 g KH

Extra-Tipp

Die Suppe schmeckt auch als Hauptmahlzeit und reicht dann für 2–3 Personen. Kochen Sie zur Sättigung noch 2–3 gewürfelte Kartoffeln oder 3–4 EL Suppennudeln mit. Wer mag, erhitzt zum Schluss noch Wiener Würstchen darin.

Möhrensuppe mit Käsenocken

ZUTATEN FÜR 4 PERSONEN

- 200 g Kartoffeln
- 250 g Möhren
- 1 mittelgroße Zwiebel
- 1 walnussgroßes Stück (ca. 20 g) Ingwer
- 1 EL Öl
- 3 TL Gemüsebrühe (oder gut ¾ l frisch gekochte Gemüsebrühe, s. S. 185)
- 4–5 Stiele Koriander oder Petersilie
- 100 g Doppelrahmfrischkäse
- 5 EL Schlagsahne
- Salz • Chilipulver
- ca. 1 EL flüssiger Honig

1 Kartoffeln und Möhren schälen, waschen und ca. ½ Möhre beiseite legen. Rest grob würfeln. Zwiebel und Ingwer schälen und fein würfeln.

2 Gewürfelte Zutaten in einem Topf im heißen Öl andünsten. Gut ¾ l Wasser und Brühe einrühren. Alles aufkochen und zugedeckt ca. 20 Minuten köcheln.

3 Inzwischen Koriander waschen, Blättchen abzupfen und evtl. grob schneiden. Übrige Möhre in feine Streifen schneiden. Aus dem Frischkäse mit zwei angefeuchteten Teelöffeln ca. 8 Nocken abstechen.

4 Gemüse in der Brühe pürieren. Evtl. einige Möhrenstreifen zum Garnieren beiseite legen, den Rest darin erhitzen. Sahne einrühren. Suppe mit Salz, Chili und Honig abschmecken. Mit den Käsenocken, Koriander und übrigen Möhrenstreifen anrichten.

ZUBEREITUNGSZEIT ca. 45 Min.
PORTION ca. 210 kcal
5 g E • 15 g F • 13 g KH

Röstzwiebel-Cremesuppe

ZUTATEN FÜR 4 PERSONEN

- 4 Gemüsezwiebeln (1–1,2 kg)
- 3 TL klare Brühe (oder ¾ l frisch gekochte Rinderbrühe, s. S. 185)
- 4 Stiele Basilikum
- 8 Scheiben Parmaschinken
- 150 g Crème fraîche
- Salz • Pfeffer
- Backpapier

1 Gemüsezwiebeln mitsamt Schale auf ein mit Backpapier ausgelegtes Backblech legen. Im vorgeheizten Backofen (E-Herd: 200 °C/Umluft: 175 °C/Gas: s. Hersteller) 1–1 ¼ Stunden backen. Herausnehmen und etwas abkühlen lassen.

2 Vom Wurzelende der Zwiebeln einen Deckel abschneiden und das weiche Zwiebelfleisch aus der Schale drücken. Zwiebelfleisch grob zerschneiden. Mit ¼ l Wasser in einen Topf geben und mit dem Stabmixer fein pürieren. ½ l Wasser angießen, Brühe einrühren und alles aufkochen. Zugedeckt bei schwacher Hitze ca. 5 Minuten köcheln.

3 Basilikum waschen und die Blättchen abzupfen. Schinkenscheiben evtl. kleiner zupfen. Crème fraîche in die Suppe rühren, mit Salz und Pfeffer abschmecken. Suppe mit Schinken anrichten und mit Basilikum bestreuen.

ZUBEREITUNGSZEIT ca. 2 Std.
PORTION ca. 230 kcal
7 g E • 15 g F • 14 g KH

Rinderbrühe mit Eierstich

ZUTATEN FÜR 6 PERSONEN

- 1 Bund Suppengrün
- 1 mittelgroße + 1 kleine Zwiebel
- 1 Rinderbeinscheibe (ca. 500 g)
- 2 Gewürznelken
- ½ TL Pfefferkörner
- 1 Lorbeerblatt
- Salz • Muskat • Pfeffer
- 2 Eier (Gr. M)
- 100 ml Milch
- etwas + 1 EL Butter
- 100–150 g Pfifferlinge
- ½ Bund Petersilie (z. B. glatte)
- Alufolie

1 Suppengrün putzen bzw. schälen, waschen, grob zerkleinern. Mittelgroße Zwiebel evtl. schälen, halbieren. Fleisch waschen. Alles mit 1 ½ l Wasser, Nelken, Pfefferkörnern, Lorbeer und 1–2 TL Salz aufkochen. Offen bei mittlerer Hitze ca. 2 Stunden köcheln. Den entstehenden Schaum dabei abschöpfen.

2 Eier und Milch verquirlen. Mit wenig Salz und Muskat würzen. In zwei gefettete Tassen füllen und mit Alufolie verschließen. In einem Topf im heißen Wasserbad zugedeckt bei schwacher Hitze 30–40 Minuten stocken lassen. Eierstich stürzen und auskühlen lassen.

3 Pfifferlinge putzen und evtl. waschen. Kleine Zwiebel schälen und fein würfeln. In 1 EL heißer Butter andünsten. Pfifferlinge zugeben und ca. 5 Minuten braten. Mit Salz und Pfeffer würzen.

4 Fleisch aus der Brühe nehmen. Brühe durch ein mit einem Mulltuch ausgelegtes Sieb geben, evtl. etwas entfetten. Aufkochen, mit Salz und Pfeffer abschmecken. Petersilie waschen und fein schneiden. Eierstich erst in Scheiben, dann in Rauten oder Würfel schneiden. Brühe mit Eierstich und Pfifferlingen anrichten. Mit Petersilie bestreuen.

ZUBEREITUNGSZEIT ca. 2 ½ Std.
PORTION ca. 170 kcal
20 g E • 9 g F • 1 g KH

Extra-Tipp

Eierstich können Sie auch in Einmachgläsern mit Deckel stocken lassen. So spart man die Alufolie zum Abdecken.

Bouillon mit Basilikumklößchen

ZUTATEN FÜR 4 PERSONEN

- 1 Zwiebel • 1 großes Bund Suppengrün
- 4 EL Butter/Margarine
- Salz • Pfeffer • 1 Lorbeerblatt
- 1 Gewürznelke • 1 TL Pfefferkörner
- 3 Lauchzwiebeln
- 1 Bund/Töpfchen Basilikum
- ⅛ l Milch • 75 g Mehl
- 1 Ei • Muskat

1 Zwiebel schälen und vierteln. 1 Möhre vom Suppengrün beiseite legen. Rest putzen bzw. schälen, waschen und grob würfeln. 2 EL Fett erhitzen. Zwiebel und Gemüse darin andünsten, mit Salz würzen. 1 ¼ l Wasser zugießen, aufkochen und ca. 40 Minuten köcheln.

2 Inzwischen Lauchzwiebeln und übrige Möhre putzen bzw. schälen, waschen und in sehr feine Streifen schneiden. Basilikum waschen, abzupfen und sehr fein hacken oder im Mörser zerstoßen, bis eine Paste entsteht.

3 Milch, etwas Salz und 2 EL Fett in einem kleinen Topf aufkochen. Mehl auf einmal zufügen und so lange kräftig rühren, bis sich der Teig als Kloß vom Topfboden löst. Vom Herd nehmen. Ei, Muskat und Basilikumpaste unterrühren. Abkühlen lassen. Aus der Masse mit angefeuchteten Händen Klößchen formen. In siedendem Salzwasser ca. 10 Minuten gar ziehen, dann abtropfen lassen.

4 Brühe durchsieben und aufkochen. Mit Salz und Pfeffer abschmecken. Gemüsestreifen darin 2–3 Minuten garen. Basilikumklößchen darin erhitzen.

ZUBEREITUNGSZEIT ca. 1 ¼ Std.
PORTION ca. 210 kcal
6 g E • 11 g F • 20 g KH

Extra-Tipps

Eine Vorsuppe sollte immer auf das Hauptgericht abgestimmt sein:

- Vor einem deftigen Braten serviert man am besten eine leichte Suppe (s. o.). Vor Mehlspeisen kann es auch eine Minestrone oder eine Brühe mit Fleischeinlage sein. Bei kleineren Menüs ist eine Cremesuppe, bei größeren eine klare Suppe mit einer feinen Einlage ideal.
- Dabei wird sie nach der kalten Vorspeise serviert, bei einer warmen Vorspeise bildet die Suppe den ersten Gang.

Hummersuppe mit grünem Spargel

ZUTATEN FÜR 4 PERSONEN

- 500 g grüner Spargel
- 1 mittelgroße Möhre
- 2 mittelgroße Kartoffeln (ca. 150 g)
- Salz • Pfeffer
- 2–3 TL Gemüsebrühe (oder gut ¾ l frisch gekochte Gemüsebrühe, s. S. 185)
- 1 Würfel (50 g) Hummersuppenpaste
- 150 g Schlagsahne
- evtl. 2 EL Pernod (franz. Anisschnaps)
- Kerbel zum Garnieren

1 Spargel waschen und die holzigen Enden großzügig abschneiden. Spargel in mundgerechte Stücke schneiden. Möhre und Kartoffeln schälen, waschen und fein würfeln.

2 Spargel in wenig kochendem Salzwasser zugedeckt ca. 8 Minuten garen. Möhre und Kartoffeln ca. 5 Minuten mitgaren. Abgießen und abtropfen lassen.

3 Gut ¾ l Wasser aufkochen. Brühe, Suppenpaste und 5 EL Sahne einrühren. Aufkochen und ca. 5 Minuten köcheln. Inzwischen übrige Sahne steif schlagen. Gemüse in der Suppe erhitzen. Mit Salz, Pfeffer und Pernod abschmecken. Anrichten, mit 1 Sahneklecks und Kerbel garnieren.

ZUBEREITUNGSZEIT ca. 30 Min.
PORTION ca. 240 kcal
4 g E • 18 g F • 14 g KH

Extra-Tipp

Wer nicht extra Pernod kaufen möchte, kann die Suppe auch mit Noilly Prat (ein französischer Weinaperitif), Weinbrand oder Sherry verfeinern.

Bunte Nudelsuppen

Überall in der Welt bei Groß und Klein beliebt: köchelnde Töpfe, aus denen die Handvoll Teigwaren nicht wegzudenken ist

Rezept auf Seite 29

Asiasuppe mit Mie-Nudeln

ZUTATEN FÜR 4 PERSONEN

- 2 mittelgroße Möhren
- 1 walnussgroßes Stück (ca. 20 g) Ingwer
- evtl. 2 Chilischoten
- 1 Hähnchenbrust mit Haut und Knochen (350–400 g)
- 100 g Shiitakepilze
- 1 rote Paprikaschote
- 100 g Mungobohnenkeimlinge
- 1 Dose (314 ml) Bambusschösslinge in Streifen
- 250 g Paksoi (ersatzweise Chinakohl)
- 1 EL Öl
- 200 g Mie-Nudeln (asiatische Weizennudeln)
- Salz
- ca. 1 TL Sambal Oelek
- evtl. Koriander zum Garnieren

1 Möhren schälen und waschen. Ingwer schälen und klein schneiden. Chili und Hähnchenbrust waschen. Mit 1 Möhre, Ingwer und Chili in 1 l kochendes Wasser geben. Zugedeckt ca. 40 Minuten bei schwacher Hitze köcheln.

2 Pilze waschen und die Stiele abschneiden. Paprika putzen, waschen und in feine Streifen schneiden. Keimlinge verlesen, waschen. Keimlinge und Bambus abtropfen lassen. Paksoi putzen, waschen und in Streifen schneiden. Übrige Möhre in Scheiben schneiden.

3 Hähnchenbrust herausheben und kurz abkühlen lassen. Brühe durchsieben. Möhrenscheiben, Pilze und Paprika im heißen Öl kurz anbraten. Brühe zugießen, aufkochen. Nudeln zufügen und 4–5 Minuten garen.

4 Fleisch von Haut und Knochen lösen und klein schneiden. Mit Paksoi, Keimlingen und Bambus in der Suppe erhitzen. Mit Salz und Sambal Oelek abschmecken. Mit Koriander garnieren.

ZUBEREITUNGSZEIT ca. 1 Std.
PORTION ca. 300 kcal
24 g E · 8 g F · 30 g KH

Bunte Buchstabensuppe

ZUTATEN FÜR 4 PERSONEN

- 2 Eier
- 2 EL Milch
- Salz • Pfeffer • Muskat
- 2 mittelgroße Möhren
- 1 großer Kohlrabi (ca. 500 g)
- 1 Zwiebel
- 2 EL Öl
- 2 EL Gemüsebrühe (oder 1 ¼ l frisch gekochte Gemüsebrühe, s. S. 185)
- 100 g Buchstabennudeln
- 3–4 Stiele Petersilie
- 150 g TK-Erbsen
- 4 kleine Wiener Würstchen (à ca. 50 g)
- 1 Gefrierbeutel (1 l Inhalt)
- Küchengarn

1 Für den Eierstich Eier und Milch verquirlen, mit Salz, Pfeffer und Muskat würzen. In den Gefrierbeutel füllen und mit Küchengarn verschließen. In kochendem Wasser zugedeckt bei schwacher Hitze 15–20 Minuten stocken lassen.

2 Möhren und Kohlrabi schälen und waschen. Möhren längs halbieren und in Scheiben schneiden. Kohlrabi in Würfel schneiden. Zwiebel schälen und fein würfeln. Eierstich aus dem Wasser nehmen und abkühlen lassen.

3 Öl in einem großen Topf erhitzen. Die Zwiebelwürfel darin glasig dünsten. Gut 1 ¼ l Wasser dazugießen, aufkochen und die Brühe darin auflösen. Möhren und Kohlrabi in die Brühe geben und alles zugedeckt ca. 2 Minuten köcheln. Nudeln dazugeben, aufkochen und ca. 5 Minuten weiterköcheln. Inzwischen Petersilie waschen und hacken. Erbsen unaufgetaut zur Suppe geben, aufkochen und ca. 3 Minuten weiterköcheln.

4 Eierstich aus dem Beutel nehmen und würfeln. Mit den Würstchen in die Suppe geben und erhitzen. Suppe mit Salz und Pfeffer abschmecken. Mit gehackter Petersilie anrichten.

ZUBEREITUNGSZEIT ca. 45 Min.
PORTION ca. 410 kcal
17 g E • 23 g F • 32 g KH

Extra-Tipp

Die Suppe nicht mehr kochen, wenn Sie die Würstchen zugefügt haben, sie könnten sonst platzen.

Gemüse-Fleischtopf mit Orecchiette

ZUTATEN FÜR 4 PERSONEN

- 500 g Kasselerkotelett (Stück)
- 500 g Rindfleisch zum Kochen (z.B. Brust oder Querrippe)
- 1 kleines Bund Suppengrün
- 3 mittelgroße Tomaten
- 2 Lorbeerblätter
- 1 TL schwarze Pfefferkörner
- Salz • Pfeffer
- 400 g Möhren
- 2 Stangen Porree (ca. 400 g; Lauch)
- 75 g kurze Nudeln (z.B. Orecchiette)
- evtl. 25 g Parmesan (Stück)

1 Fleisch waschen. Suppengrün putzen bzw. schälen und etwas Selleriegrün zum Garnieren beiseite legen. Suppengrün waschen und grob zerkleinern. Tomaten waschen und vierteln. Fleisch, Suppengrün, Tomaten, Lorbeer, Pfefferkörner und 1 TL Salz in 1 ½ l Wasser aufkochen. Zugedeckt 1–1 ¼ Stunden köcheln, dabei ab und zu abschäumen.

2 Möhren schälen, waschen und in Scheiben schneiden. Porree putzen, waschen und in Ringe schneiden. Fleisch herausheben, Brühe durchsieben. Gemüse darin 15–18 Minuten garen.

3 Nudeln in der Suppe 10–12 Minuten (s. auch Packungsanweisung) mitgaren. Fleisch vom Knochen lösen und würfeln. In der Suppe erhitzen, mit Salz und Pfeffer abschmecken. Parmesan reiben und darüberstreuen. Suppe anrichten und mit Selleriegrün garnieren.

ZUBEREITUNGSZEIT ca. 1 ¾–2 Std.
PORTION ca. 420 kcal
49 g E • 15 g F • 19 g KH

Geflügelsuppe mit Nudeln und Gemüse

ZUTATEN FÜR 4 PERSONEN

- 1 Zwiebel
- 2 Hähnchenbrüste mit Haut und Knochen (à ca. 350 g)
- 1 Lorbeerblatt
- 3–4 Pfefferkörner
- 3 Paprikaschoten (z. B. grün, gelb und rot)
- 3 Möhren
- 1 Zucchini
- Salz • Pfeffer
- 100 g Suppennudeln (z. B. Gabelspaghetti)
- 100 g TK-Erbsen
- evtl. 2 TL Hühnerbrühe
- ½ Bund Petersilie

1 Zwiebel schälen und halbieren. Fleisch waschen. Beides mit Lorbeer und Pfefferkörnern in ca. 1 ½ l Wasser aufkochen. Zugedeckt ca. 45 Minuten köcheln. Ab und zu abschäumen.

2 Gemüse putzen bzw. schälen, waschen und klein würfeln. Fleisch herausnehmen und etwas abkühlen lassen. Brühe durchsieben und mit Salz abschmecken. Nudeln darin 7–8 Minuten garen. Vorbereitetes Gemüse und Erbsen 3–5 Minuten mitgaren.

3 Fleisch von Haut und Knochen lösen und in mundgerechte Stücke schneiden. In der Suppe erhitzen. Mit Salz, Pfeffer und Brühe abschmecken. Petersilie waschen, hacken und darüberstreuen.

ZUBEREITUNGSZEIT ca. 1 ¼ Std.
PORTION ca. 340 kcal
35 g E • 9 g F • 28 g KH

Extra-Tipp

Die Suppe schmeckt auch Kindern super. Wählen Sie dann allerdings das jeweilige Lieblingsgemüse (insgesamt ca. 1 kg).

Hühnertopf mit Nudeln

ZUTATEN FÜR 6–8 PERSONEN

- 2 mittelgroße Zwiebeln
- 2 große Bund Suppengrün (ca. 1,5 kg)
- 1 küchenfertiges Suppenhuhn oder Poularde (ca. 1,8 kg)
- 1–2 Lorbeerblätter
- Salz • Pfeffer
- 250 g Hörnchennudeln
- 200 g TK-Erbsen
- 1 Bund Petersilie

1 Zwiebeln schälen, halbieren. 1 Bund Suppengrün putzen bzw. schälen, waschen und grob zerkleinern. Huhn innen und außen waschen.

2 Alles in einen großen Topf geben und mit 3 ½–4 l Wasser bedecken. Lorbeer und 1 gehäuften TL Salz zufügen. Alles aufkochen und zugedeckt bei schwacher Hitze 1 ½–2 Stunden köcheln. Den entstehenden Schaum öfter abschöpfen.

3 Übriges Suppengrün putzen bzw. schälen und waschen. Porree in Ringe, übriges Gemüse in feine Streifen schneiden. Huhn aus der Brühe heben. Brühe durch ein Sieb in einen Topf gießen und aufkochen. Rohes Gemüse zugeben, aufkochen und ca. 5 Minuten köcheln. Nudeln in kochendem Salzwasser ca. 10 Minuten garen.

4 Hühnerfleisch von Haut und Knochen lösen. Fleisch klein schneiden. Erbsen in den Hühnertopf geben und ca. 5 Minuten weitergaren. Fleisch zufügen und kurz erhitzen. Nudeln abtropfen lassen und zufügen. Petersilie waschen und fein hacken. Hühnertopf mit Salz und Pfeffer abschmecken. Mit Petersilie bestreuen. Dazu passt geröstetes Bauernbrot.

ZUBEREITUNGSZEIT 2 ½–3 Std.
PORTION ca. 370 kcal
29 g E • 15 g F • 28 g KH

Bohnen-Nudel-Suppe

ZUTATEN FÜR 4–6 PERSONEN

- 1 Bund Suppengrün
- 1 Zwiebel
- 1 Hähnchen (ca. 1,2 kg)
- 1–2 Lorbeerblätter
- 4–5 Pfefferkörner
- Salz • Pfeffer
- 1 Stange Porree (ca. 200 g; Lauch)
- 1 Dose (425 ml) große weiße Bohnenkerne
- 3–4 Stiele frischer oder 1 TL getrockneter Thymian
- 1 Dose (425 ml) Tomaten
- 150 g kurze Nudeln (z. B. Tubetti)
- 75–100 g Parmesan (Stück)

1 Suppengrün putzen bzw. schälen, waschen und grob zerkleinern. Zwiebel schälen und vierteln. Hähnchen waschen. Alles mit ca. 2 l Wasser, Lorbeer, Pfefferkörnern und ca. 1 TL Salz aufkochen. Zugedeckt ca. 1 ½ Stunden köcheln. Zwischendurch abschäumen.

2 Porree putzen, waschen und in Stücke schneiden. Bohnen abspülen und abtropfen lassen. Thymian waschen und die Blättchen abzupfen.

3 Hähnchen aus der Brühe nehmen und etwas abkühlen lassen. Brühe durchsieben und aufkochen. Tomaten samt Saft, Porree und Thymian zufügen, Tomaten etwas zerkleinern. Zugedeckt ca. 20 Minuten köcheln. Nudeln in kochendem Salzwasser 8–10 Minuten garen. Abgießen und abtropfen lassen.

4 Käse reiben. Fleisch von Haut und Knochen lösen und in mundgerechte Stücke schneiden. Mit Nudeln und Bohnen in der Brühe erhitzen. Suppe mit Salz und Pfeffer abschmecken. Mit dem Käse bestreuen.

ZUBEREITUNGSZEIT ca. 2 ¼ Std.
PORTION ca. 510 kcal
46 g E • 19 g F • 36 g KH

Brokkolicremesuppe mit Tortellini

ZUTATEN FÜR 4 PERSONEN

- 1 Zwiebel
- 500 g Brokkoli
- 1–2 EL Butter/Margarine
- Salz • Pfeffer • Muskat
- ¼ l Milch
- 2–3 TL Gemüsebrühe (oder gut ½ l frisch gekochte Gemüsebrühe, s. S. 185)
- 250 g Tortellini mit Fleischfüllung (Kühlregal)
- 2 EL Crème fraîche
- Kerbel oder Petersilie zum Garnieren

1 Zwiebel schälen und fein würfeln. Brokkoli putzen, waschen und in kleine Röschen teilen. Stiele schälen und in feine Würfel schneiden.

2 Fett in einem Topf erhitzen. Zwiebel darin glasig dünsten. Gesamten Brokkoli kurz mit andünsten. Mit Salz und Pfeffer würzen. Gut ½ l Wasser und Milch zugießen und Brühe einrühren. Alles aufkochen, zugedeckt 5–6 Minuten köcheln.

3 Tortellini in kochendem Salzwasser ca. 2 Minuten gar ziehen lassen. Abgießen und gut abtropfen lassen.

4 Ca. ⅔ der Brokkoliröschen mit einer Schaumkelle herausnehmen. Rest in der Suppe mit dem Stabmixer fein pürieren. Crème fraîche einrühren. Suppe mit Salz, Pfeffer und Muskat abschmecken. Restlichen Brokkoli in noch kleinere Röschen teilen. Mit den Tortellini in der Suppe erhitzen. Mit Kerbel garnieren.

ZUBEREITUNGSZEIT ca. 30 Min.
PORTION ca. 240 kcal
11 g E • 10 g F • 25 g KH

Extra-Tipp

Sitzen Vegetarier mit am Tisch? Dann bereiten Sie die Brokkolisuppe einfach mit Käsetortellini zu.

Minestrone mit Hähnchen

ZUTATEN FÜR 4 PERSONEN

- 500 g Brokkoli
- 400 g grüne Bohnen
- 2–3 Möhren (ca. 250 g)
- 5 Tomaten (ca. 400 g)
- 1 mittelgroße Zwiebel
- 2 Hähnchenfilets (ca. 350 g)
- 2 EL Öl
- Salz • Pfeffer • Edelsüß-Paprika
- 1 EL Tomatenmark
- 2 EL Gemüsebrühe (oder 1 ½ l frisch gekochte Gemüsebrühe, s. S. 185)
- 150 g Nudeln (z. B. Orecchiette)
- 1–2 Knoblauchzehen
- 1 Bund glatte Petersilie
- 1 Bio-Zitrone

1 Gemüse putzen bzw. schälen und waschen. Brokkoli in Röschen teilen, Bohnen in Stücke und Möhren in Scheiben schneiden. Tomaten grob würfeln. Zwiebel schälen und fein würfeln.

2 Fleisch waschen, trocken tupfen. Öl im Topf erhitzen. Fleisch darin rundherum kräftig anbraten. Mit Salz und Pfeffer würzen, herausnehmen.

3 Zwiebel im heißen Bratfett glasig dünsten. Tomatenmark mit anschwitzen. Hälfte Tomaten mit andünsten. Knapp 1 ½ l Wasser und Brühe zufügen, aufkochen. Fleisch darin ca. 10 Minuten garen. Bohnen in reichlich kochendem Salzwasser ca. 15 Minuten garen. Nudeln ca. 10 Minuten mitgaren.

4 Fleisch herausnehmen. Möhren und restliche Tomaten in der Brühe ca. 10 Minuten garen. Brokkoli ca. 5 Minuten mitgaren.

5 Für die Gremolata Knoblauch schälen, hacken. Petersilie waschen und fein schneiden. Zitrone heiß waschen, trocken reiben. Schale mit dem Zestenreißer abziehen oder fein abreiben. Mit Petersilie und Knoblauch mischen.

6 Fleisch würfeln. Bohnen und Nudeln abtropfen lassen. Mit Fleisch in der Suppe erhitzen. Minestrone mit Salz, Pfeffer und Edelsüß-Paprika abschmecken. Mit der Gremolata bestreuen.

ZUBEREITUNGSZEIT ca. 1 Std.
PORTION ca. 380 kcal
33 g E • 8 g F • 41 g KH

Extra-Info

Das Gute an Suppen: Die Mineralstoffe vom Gemüse gehen nicht verloren, denn sie gehen in die Kochflüssigkeit über. Und diese wird ja einschließlich der darin gelösten Nährstoffe mitverspeist.

Nudelsuppe mit Hackbällchen

ZUTATEN FÜR 6 PERSONEN

- 3–4 mittelgroße Möhren
- ½ Spitzkohl (ca. 500 g)
- 2 mittelgroße Zwiebeln
- 3–4 Knoblauchzehen
- 1 walnussgroßes Stück (ca. 20 g) Ingwer
- 1 rote Chilischote
- 5–6 EL Öl
- 500 g Rinderhack
- Salz • Pfeffer • gemahlener Koriander
- 3 EL Hühnerbrühe (oder 2 l frisch gekochte Hühnerbrühe, s. S. 185)
- 250 g Mie-Bandnudeln (asiatische Weizennudeln)
- 1 Bund/Töpfchen Koriander
- 8–10 EL Sojasoße (z. B. süße)
- ca. 60 g fertige Röstzwiebeln

1 Gemüse putzen bzw. schälen, waschen und in Streifen schneiden. Zwiebeln, Knoblauch und Ingwer schälen, sehr fein würfeln. Chili längs einritzen, entkernen, waschen und fein hacken.

2 2 EL Öl im Topf erhitzen. Zwiebeln, Knoblauch, Ingwer und Chili darin andünsten. Hälfte Zwiebelmischung herausnehmen, etwas abkühlen lassen. Dann mit Hack, Salz, Pfeffer und gemahlenem Koriander verkneten.

3 Aus der Hackmasse mit angefeuchteten Händen ca. 40 kleine Bällchen formen. In 3–4 EL heißem Öl portionsweise rundherum anbraten.

4 Gemüse zur Zwiebelmischung in den Topf geben und andünsten. 2 l Wasser und Brühe zufügen. Aufkochen und zugedeckt 4–5 Minuten köcheln. Hackbällchen und Nudeln zufügen und offen weitere 5 Minuten köcheln.

5 Koriander waschen, etwas zum Garnieren beiseite legen. Rest grob hacken und in die Suppe rühren. Suppe mit Sojasoße abschmecken und anrichten. Mit Röstzwiebeln bestreuen. Mit Koriander garnieren.

ZUBEREITUNGSZEIT ca. 1 ¼ Std.
PORTION ca. 500 kcal
28 g E • 26 g F • 36 g KH

In 30 Minuten fertig!

Diese Suppen sind ratzfatz gekocht. Und durch raffinierte Toppings können sie sich auch bei Gästen sehen lassen

Rezept auf Seite 36

Erbsensuppe mit Hähnchenspieß

ZUTATEN FÜR 4 PERSONEN

- 1 mittelgroße Zwiebel
- 200 g Kartoffeln
- 2–3 EL Öl
- 300 g TK-Erbsen
- 3 TL Hühnerbrühe (oder gut ¾ l frisch gekochte Hühnerbrühe, s. S. 185)
- 2 dicke Schweineschnitzel (ca. 300 g)
- 12 getrocknete Softaprikosen (ca. 100 g)
- Salz • Pfeffer
- ½ TL Chiliflocken oder -pulver
- 3 Stiele Minze
- 100 g Schmand
- etwas Curry • Zucker
- 4 Metall- oder Holzspieße

1 Zwiebel und Kartoffeln schälen und fein würfeln. Beides in 1 EL heißem Öl im Topf andünsten. Erbsen unaufgetaut zugeben und kurz mitdünsten. Mit gut ¾ l Wasser ablöschen und aufkochen. Brühe einrühren und alles zugedeckt ca. 12 Minuten köcheln.

2 Fleisch trocken tupfen und in 12 Würfel schneiden. Abwechselnd mit den Aprikosen auf die Spieße stecken.

3 1–2 EL Öl in einer Pfanne erhitzen. Spieße darin rundherum 5–7 Minuten goldbraun braten. Mit Salz und Chiliflocken würzen.

4 Minze waschen, grob hacken und in die Suppe geben. Alles fein pürieren. Schmand unterrühren. Mit Salz, Pfeffer, Curry und 1 Prise Zucker abschmecken. Erbsensuppe mit je 1 Hähnchenspieß anrichten.

ZUBEREITUNGSZEIT ca. 30 Min.
PORTION ca. 390 kcal
24 g E · 18 g F · 31 g KH

Extra-Tipp

Wenn Sie den Minzgeschmack nicht mögen oder keine Minze bekommen – mit glatter Petersilie oder Basilikum schmeckt die Suppe auch lecker!

Tomatensuppe mit Estragon

ZUTATEN FÜR 4 PERSONEN

- 1 Dose (850 ml) Tomaten
- 1 mittelgroße Zwiebel
- 1–2 Knoblauchzehen
- 2–3 Stiele frisches oder ½ TL getrocknetes Estragon
- 1 EL Öl (z.B. Olivenöl)
- 1–2 EL Tomatenmark
- Salz • Pfeffer
- Edelsüß-Paprika • Zucker
- 4 TL Crème fraîche
- evtl. grober Pfeffer zum Bestreuen

1 Tomaten mit dem Stabmixer pürieren. Zwiebel und Knoblauch schälen, würfeln. Estragon waschen und einige Blättchen zum Garnieren beiseite legen, den Rest fein schneiden.

2 Öl in einem Topf erhitzen, Zwiebel und Knoblauch darin andünsten. Tomatenmark und fein geschnittenen Estragon zufügen und anschwitzen. Mit den pürierten Tomaten ablöschen und aufkochen. Mit Salz, Pfeffer, Edelsüß-Paprika und etwas Zucker abschmecken.

3 Suppe mit jeweils 1 Klecks Crème fraîche anrichten. Mit etwas grobem Pfeffer bestreuen und mit dem übrigen Estragon garnieren.

ZUBEREITUNGSZEIT ca. 20 Min.
PORTION ca. 100 kcal
3 g E • 6 g F • 7 g KH

Lauchsuppe mit Sahnehäubchen

ZUTATEN FÜR 4 PERSONEN

- **2 Stangen Porree (ca. 400 g; Lauch)**
- **1 mittelgroße Zwiebel**
- **1 Knoblauchzehe**
- **2 EL Butter/Margarine**
- **2 EL Gemüsebrühe (oder ¾ l frisch gekochte Gemüsebrühe, s. S. 185)**
- **200 g Schlagsahne**
- **Salz • Pfeffer • Muskat**
- **evtl. 1–2 TL rosa Beeren (pfefferähnliches Gewürz)**

1 Porree putzen, gründlich waschen und in Ringe schneiden. Zwiebel und Knoblauch schälen und grob würfeln.

2 Fett in einem Topf erhitzen. Porree darin ca. 3 Minuten dünsten. Einige Porreeringe herausnehmen und beiseite stellen. Zwiebel und Knoblauch in den Topf geben und kurz mitdünsten. Mit ¾ l Wasser ablöschen, aufkochen und Brühe einrühren. Zugedeckt ca. 10 Minuten garen.

3 Hälfte Sahne in die Suppe gießen, aufkochen. Dann mit dem Schneidstab fein pürieren. Suppe mit Salz, Pfeffer und Muskat würzen. Restliche Sahne halbsteif schlagen. Suppe mit Sahnehäubchen, Porreeringen und zerstoßenen rosa Beeren anrichten.

ZUBEREITUNGSZEIT ca. 20 Min.
PORTION ca. 210 kcal
3 g E • 19 g F • 5 g KH

Extra-Tipp

Die Lauchsuppe lässt sich schon prima am Vortag zubereiten. Oder kochen Sie sie in doppelter Menge und frieren die Hälfte – ohne die halbsteif geschlagene Sahne – ein. Sie hält sich so ca. 3 Monate.

Kräutercremesuppe mit Hackklößchen

ZUTATEN FÜR 4 PERSONEN

- 1 mittelgroße Zwiebel
- 200 g gemischtes Hack
- 1 EL Magerquark
- 1 EL Paniermehl
- Salz • Pfeffer
- 2 EL Butter/Margarine
- ½–1 Bund Petersilie
- 1 Bund/Töpfchen frischer oder 2 Päckchen TK-Basilikum
- 2 leicht gehäufte EL Mehl
- 100 g Schlagsahne
- 2–3 TL klare Brühe (oder ¾ l frisch gekochte Rinderbrühe, s. S. 185)

1 Zwiebel schälen und fein würfeln. Hack, Quark, Paniermehl und die Hälfte Zwiebel verkneten. Mit Salz und Pfeffer würzen. Mit angefeuchteten Händen 12–16 Klößchen daraus formen. In 1 EL heißem Fett rundum braun braten.

2 Kräuter waschen und die Blättchen abzupfen. Etwas Petersilie zum Garnieren beiseite legen. 1 EL Fett in einem Topf erhitzen. Rest Zwiebel darin andünsten. Mit Mehl bestäuben, kurz anschwitzen. Mit ¾ l Wasser und Sahne ablöschen und aufkochen. Brühe und Kräuter einrühren und ca. 5 Minuten köcheln.

3 Die Suppe pürieren. Mit Salz und Pfeffer abschmecken. Die Klößchen darin kurz erhitzen. Suppe anrichten und mit der übrigen Petersilie garnieren.

ZUBEREITUNGSZEIT ca. 30 Min.
PORTION ca. 250 kcal
13 g E • 18 g F • 8 g KH

Extra-Tipp

Die Kräutercremesuppe schmeckt statt mit Klößchen auch mit Nordseekrabben, geraspeltem Käse, Schinken- oder Tomatenwürfeln gut. Man kann sie auch ganz ohne Einlage servieren und z. B. nur mit grobem Pfeffer bestreuen.

Currycremesuppe mit Krabben

ZUTATEN FÜR 6-8 PERSONEN

- 1 mittelgroße Zwiebel
- 50 g Butter/Margarine
- 50 g Mehl
- 4–5 EL Curry
- ¼ l Milch
- 2 Becher (à 40 g) Geflügelpaste oder 4 TL Hühnerbrühe
- 3–4 Stiele Dill
- 200 g Schlagsahne
- Salz • Pfeffer
- 200 g Nordseekrabbenfleisch

1 Zwiebel schälen und fein würfeln. Im heißen Fett im Topf andünsten. Mehl und 4 EL Curry zufügen und anschwitzen. 1 ½ l Wasser, Milch und Geflügelpaste einrühren. Alles aufkochen und ca. 5 Minuten köcheln.

2 Dill waschen und fein schneiden. Sahne halbsteif schlagen. Suppe mit Salz, Pfeffer und Curry abschmecken. Mit Sahne, Krabben und Dill anrichten.

ZUBEREITUNGSZEIT ca. 15 Min.
PORTION ca. 210 kcal
9 g E · 15 g F · 8 g KH

Pilzbouillon mit Nudeln

ZUTATEN FÜR 4 PERSONEN

- 1 Beutel (15 g) getrocknete Steinpilze
- 100 g Suppennudeln (z. B. kleine Muscheln)
- Salz • Pfeffer
- 3–4 Tomaten (ca. 200 g)
- 1 kleine Zwiebel
- 5 Champignons
- 1 EL Butter (20 g)
- 2–3 TL Steinpilzhefebrühe (oder s. Tipp)
- 2–3 Stiele Petersilie
- evtl. Majoran zum Garnieren

1 Steinpilze abspülen und in ¼ l warmem Wasser einweichen. Nudeln in kochendem Salzwasser 7–9 Minuten garen. Tomaten kreuzweise einritzen, überbrühen und abschrecken. Haut abziehen. Tomaten vierteln, entkernen und würfeln. Zwiebel schälen und hacken. Pilze putzen, waschen und fein hobeln oder schneiden.

2 Butter im Topf erhitzen. Zwiebel darin andünsten. ¾ l Wasser und Steinpilze mitsamt Einweichwasser zugießen, Brühe einrühren und aufkochen. Ca. 5 Minuten köcheln.

3 Nudeln abtropfen lassen. Petersilie waschen und hacken. Beides mit Champignons und Tomaten in die Brühe geben. Mit Pfeffer und evtl. etwas Salz abschmecken. Anrichten und mit Majoran garnieren.

ZUBEREITUNGSZEIT ca. 25 Min.
PORTION ca. 150 kcal
5 g E • 5 g F • 21 g KH

Extra-Tipp

Statt der Steinpilzbrühe können Sie auch prima Hühner- oder Rindfleischbouillon (s. S. 185) nehmen. Gut schmecken als Einlage anstelle der Nudeln ebenso Backerbsen oder Flädle (beides gibt's fertig aus der Packung).

Kürbissuppe mit Hackfleisch

ZUTATEN FÜR 4 PERSONEN

- 1 kleiner Hokkaidokürbis (ca. 600 g)
- 2 Möhren (ca. 200 g)
- 2 Kartoffeln (ca. 200 g)
- 1 Zwiebel
- 3–4 EL Öl
- Salz • Pfeffer
- 2–3 TL klare Brühe (oder 1 l frisch gekochte Rinderbrühe, s. S. 185)
- 2–3 Lauchzwiebeln
- 200 g gemischtes Hack
- 4 EL Schmand

1 Kürbis waschen, halbieren und entkernen. Möhren und Kartoffeln schälen, waschen. Kürbis, Möhren und Kartoffeln klein schneiden. Zwiebel schälen und würfeln.

2 2 EL Öl in einem Topf erhitzen. Kürbis, Möhren, Kartoffeln und Zwiebel darin glasig dünsten. Mit Salz und Pfeffer würzen. Mit 1 l Wasser ablöschen und aufkochen. Brühe einrühren. Zugedeckt ca. 15 Minuten köcheln.

3 Lauchzwiebeln putzen, waschen und in Ringe schneiden. 1–2 EL Öl in einer Pfanne erhitzen. Hack darin krümelig anbraten. Lauchzwiebeln kurz mitbraten. Mit Salz und Pfeffer würzen.

4 Gemüse in der Brühe pürieren und abschmecken. Suppe anrichten und je 1 EL Schmand daraufklecksen. Die Hackmasse darauf verteilen.

ZUBEREITUNGSZEIT ca. 25 Min.
PORTION ca. 340 kcal
14 g E • 23 g F • 16 g KH

Zucchinicremesuppe mit Croûtons

ZUTATEN FÜR 4 PERSONEN

- 2–3 Zucchini (ca. 500 g)
- 2–3 Lauchzwiebeln
- 2 EL Öl
- 2 TL Gemüsebrühe (oder gut ½ l frisch gekochte Gemüsebrühe, s. S. 185)
- 2 Scheiben Toastbrot
- 100 g Schmand oder stichfeste saure Sahne
- Salz • Pfeffer
- evtl. rosa Beeren (pfefferähnliches Gewürz)

1 Zucchini putzen und waschen. Von 1 Zucchini 4 Scheiben abschneiden und in Stifte schneiden. Rest Zucchini klein schneiden. Lauchzwiebeln putzen, waschen und klein schneiden.

2 1 EL Öl im Topf erhitzen. Zucchinistücke und Lauchzwiebeln darin andünsten. Mit gut ½ l Wasser ablöschen, aufkochen und Brühe darin auflösen. Zugedeckt ca. 10 Minuten köcheln.

3 1 EL Öl in der Pfanne erhitzen. Toast würfeln und darin goldbraun rösten. Gemüse in der Brühe pürieren. Schmand in die Suppe rühren. Zucchinistifte 2–3 Minuten mit erhitzen, Suppe mit Salz und Pfeffer abschmecken. Mit Croûtons und rosa Beeren anrichten.

ZUBEREITUNGSZEIT ca. 30 Min.
PORTION ca. 140 kcal
2 g E • 10 g F • 10 g KH

Brunnenkressesuppe

ZUTATEN FÜR 4 PERSONEN

- **1 mittelgroße Zwiebel**
- **1 Bund (ca. 350 g) Brunnenkresse**
- **100 g Champignons**
- **1 EL Butter/Margarine**
- **Salz • Pfeffer**
- **1 gestrichener EL Mehl**
- **2–3 TL Gemüsebrühe (oder ¾ l frisch gekochte Gemüsebrühe, s. S. 185)**
- **200 g Schlagsahne**
- **100 g Nordseekrabbenfleisch**

1 Zwiebel schälen und fein würfeln. Die Stiele der Brunnenkresse großzügig abschneiden. Brunnenkresse verlesen, waschen und etwas für die Einlage beiseite legen, Rest grob hacken. Pilze putzen, waschen und in Scheiben schneiden.

2 Fett in einem Topf erhitzen. Pilze darin anbraten. Mit Salz und Pfeffer würzen, herausnehmen. Zwiebel im Bratfett andünsten. Mehl darüberstäuben und kurz anschwitzen. ¾ l Wasser, Brühe und 100 g Sahne einrühren, aufkochen. Zugedeckt ca. 5 Minuten köcheln.

3 Rest Sahne halbsteif schlagen. Gehackte Brunnenkresse in die Suppe geben und pürieren. Mit Salz und Pfeffer abschmecken. Pilze darin wieder erwärmen. Sahne unterziehen. Krabben mit Rest Brunnenkresse in die Suppe geben.

ZUBEREITUNGSZEIT ca. 30 Min.
PORTION ca. 220 kcal
8 g E · 18 g F · 6 g KH

Extra-Tipp

Das Aroma der erfrischend scharfen Gartenkresse und der milderen Brunnenkresse ist gegen Hitze sehr empfindlich. Deshalb bei warmen Gerichten wie dieser Suppe erst ganz zum Schluss zufügen und nicht mitkochen.

Tolle Kartoffelsuppen

Kombiniert mit würzigen Einlagen und abgeschmeckt mit einer Prise Fantasie, wird aus der simplen Knolle ein Verwöhnessen

Rezept auf Seite 51

Kartoffelsuppe mit Würstchen

ZUTATEN FÜR 4 PERSONEN

- **1,2 kg Kartoffeln (z. B. mehligkochend)**
- **1 großes Bund Suppengrün**
- **1 große Zwiebel**
- **2 EL Öl**
- **evtl. 2 EL Gemüsebrühe**
- **4 Wiener Würstchen**
- **1 Bund Petersilie**
- **Salz • Pfeffer**

1 Kartoffeln schälen und waschen. Suppengrün putzen bzw. schälen und waschen. Zwiebel schälen. Alles in Stücke bzw. Ringe schneiden.

2 Vorbereitete Zutaten im heißen Öl andünsten. 1 ¼ l Wasser und Brühe zufügen und aufkochen. Alles zugedeckt ca. 20 Minuten köcheln lassen.

3 Würstchen in Scheiben schneiden. Petersilie waschen und hacken. Kartoffeln in der Suppe leicht zerdrücken. Würstchen zufügen und 1–2 Minuten erhitzen. Mit Salz und Pfeffer abschmecken. Petersilie darüberstreuen.

ZUBEREITUNGSZEIT ca. 40 Min.
PORTION ca. 510 kcal
18 g E • 28 g F • 43 g KH

Extra-Info

Besonders mehligkochende Kartoffeln sind eine ideale Basis für Suppen und Eintöpfe. Denn sie sorgen für eine sämige Bindung und machen satt, ohne das Kalorienkonto übermäßig zu belasten.

Möhren-Kartoffelsuppe

ZUTATEN FÜR 4 PERSONEN

- 2 Möhren (ca. 200 g)
- ca. 700 g mehligkochende Kartoffeln
- 1 mittelgroße Zwiebel
- 2 EL Öl
- 3–4 TL Gemüsebrühe (oder ¾ l frisch gekochte Gemüsebrühe, s. S. 185)
- Salz • Pfeffer
- evtl. 1–2 EL Limetten- oder Zitronensaft
- 5–7 EL Schlagsahne
- Bio-Limetten- oder Zitronenscheiben, Minze und Chili zum Garnieren

1 Möhren und Kartoffeln schälen und waschen. Beides in Würfel schneiden. Zwiebel schälen, waschen und würfeln.

2 Öl in einem Topf erhitzen. Zwiebel, Möhren und Kartoffeln darin andünsten. Mit ¾ l Wasser ablöschen, aufkochen. Brühe einrühren und zugedeckt ca. 20 Minuten köcheln.

3 4–5 EL Möhren und Kartoffeln aus der Brühe heben. Übriges Gemüse in der Brühe pürieren. Mit Salz, Pfeffer und Limettensaft abschmecken.

4 Sahne leicht anschlagen. Suppe portionsweise anrichten und mit der Sahne verfeinern. Übrige Gemüsewürfel darüberstreuen. Mit Limettenscheiben, Minze und Chili garnieren. Dazu passen Bananen- und Kokoschips.

ZUBEREITUNGSZEIT ca. 40 Min.
PORTION ca. 200 kcal
4 g E · 9 g F · 25 g KH

Extra-Tipp

Wer's gern feuriger mag, kann die Suppe statt mit Pfeffer auch mit Chilipulver oder Rosenpaprika abschmecken.

Kartoffel-Krebssüppchen

ZUTATEN FÜR 4 PERSONEN

- 100–125 g Flusskrebsfleisch (frisch oder TK)
- 1 mittelgroße Zwiebel
- 1 kleines Stück (ca. 20 g) Ingwer
- 2 Möhren (ca. 150 g)
- 500 g Kartoffeln
- 1–2 EL Butter/Margarine
- 1 TL Curry
- Salz • Pfeffer
- 2 TL Gemüsebrühe (oder ¾ l frisch gekochte Gemüsebrühe, s. S. 185)
- 100–150 g Crème fraîche

1 TK-Krebsfleisch auftauen lassen. Zwiebel und Ingwer schälen. Zwiebel würfeln und Ingwer hacken oder durchpressen. Möhren und Kartoffeln schälen, waschen und klein schneiden.

2 Zwiebel, Ingwer, Möhren und Kartoffeln im heißen Fett andünsten. Curry kurz mit anschwitzen. Mit Salz und Pfeffer würzen. Mit ¾ l Wasser ablöschen, aufkochen. Brühe zufügen. Alles zugedeckt ca. 20 Minuten köcheln.

3 Suppe fein pürieren. Crème fraîche, bis auf 2 EL, einrühren. Abschmecken. Krebsfleisch in der Suppe erhitzen. Mit Rest Crème fraîche anrichten.

ZUBEREITUNGSZEIT ca. 45 Min.
PORTION ca. 190 kcal
6 g E • 12 g F • 14 g KH

Extra-Tipp

Variation: Ersetzen Sie die Hälfte Kartoffeln mal durch Knollensellerie. Statt Krebsfleisch passen auch Nordseekrabben oder Räucherlachs als Topping.

Sellerie-Kartoffelsuppe mit Kasseler

ZUTATEN FÜR 4 PERSONEN

- 500 g Kasselerkotelett (Stück; mit Knochen)
- 600 g mehligkochende Kartoffeln
- 400 g Knollensellerie
- 1 mittelgroße Möhre
- 1 kleine Stange Porree (Lauch)
- Salz • Pfeffer
- 4–5 Stiele Petersilie

1 Kasseler waschen. Mit gut 1 l Wasser aufkochen und zugedeckt ca. 45 Minuten köcheln.

2 Kartoffeln, Sellerie, Möhre und Porree schälen bzw. putzen und waschen. Kartoffeln und Sellerie grob, Möhre fein würfeln. Porree in feine Ringe schneiden.

3 Kartoffeln und Sellerie nach ca. 20 Minuten zum Kasseler geben, mitgaren. Möhre und Porree in wenig kochendem Salzwasser ca. 5 Minuten dünsten.

4 Fleisch herausnehmen und etwas abkühlen lassen. Kartoffeln und Sellerie in der Brühe fein zerstampfen oder kurz pürieren. Suppe mit Salz und Pfeffer abschmecken. Fleisch vom Knochen lösen und klein würfeln. Mit Möhre und Porree in der Suppe erhitzen. Petersilie waschen, hacken und darüberstreuen.

ZUBEREITUNGSZEIT ca. 1 Std.
PORTION ca. 220 kcal
20 g E • 6 g F • 21 g KH

Extra-Tipp

Mit Kartoffeln lassen sich Suppen auf gesunde und leichte Art auch prima andicken: Einfach eine rohe Kartoffel in die Suppe hineinreiben und einige Minuten weiterköcheln. Oder 1–2 ganze Kartoffeln mitkochen und, wenn sie weich sind, im Topf zerdrücken.

Kartoffelsuppe mit Baconspießen

ZUTATEN FÜR 6 PERSONEN

- 3 mittelgroße Zwiebeln
- 1 kg Kartoffeln
- 1 große Möhre
- 2–3 EL Öl
- Salz • Pfeffer
- 1 EL getrockneter Majoran
- 3–4 TL klare Brühe
- ca. 2 gehäufte EL Mehl
- 6–12 dünne Scheiben Frühstücksspeck (Bacon)
- 150 g Schlagsahne
- 6–12 Holzspieße

1 1 Zwiebel schälen und fein würfeln. Kartoffeln und Möhre schälen, waschen und in Stücke schneiden.

2 1–2 EL Öl in einem Topf erhitzen. Zwiebelwürfel darin andünsten. Kartoffeln kurz mit anschwitzen. Mit Salz, Pfeffer und Majoran würzen. 1 ½ l Wasser und Brühe einrühren und aufkochen. Zugedeckt ca. 20 Minuten köcheln.

3 Inzwischen 2 Zwiebeln schälen, in Ringe schneiden und im Mehl wenden. Speck wellenförmig auf Spieße stecken. In einer Pfanne ohne Fett knusprig braten, herausnehmen. 1 EL Öl im Speckfett erhitzen. Zwiebelringe darin goldbraun braten.

4 Suppe mit dem Stabmixer pürieren. Sahne einrühren, Suppe mit Salz und Pfeffer abschmecken. Mit Zwiebelringen und Baconspießen anrichten.

ZUBEREITUNGSZEIT ca. 50 Min.
PORTION ca. 270 kcal
6 g E • 15 g F • 27 g KH

Extra-Tipp

Wird eine Suppe in einer Tasse mit Henkel serviert, darf man sie auch trinken. Aufgespießte Zutaten, die neben oder auf der Suppentasse platziert sind, werden in die Suppe abgestreift oder abgeknabbert.

Kartoffelsuppe mit Pfifferlingen

ZUTATEN FÜR 4 PERSONEN

- 1 Bund Lauchzwiebeln
- 200 g kleine Pfifferlinge
- 750 g Kartoffeln
- 3 EL Butter/Margarine
- Salz • Pfeffer (z.B. grober)
- 3–4 TL Gemüsebrühe (oder 1 l frisch gekochte Gemüsebrühe, s. S. 185)
- 150 g Schlagsahne
- evtl. Borretschblüten zum Garnieren

1 Lauchzwiebeln putzen, waschen und in feine Ringe schneiden. Pfifferlinge putzen, evtl. kurz waschen und trocken tupfen. Kartoffeln schälen, waschen und klein schneiden.

2 2 EL Fett in einem Topf erhitzen. Pilze darin ca. 5 Minuten anbraten. Hälfte Lauchzwiebelringe kurz mitbraten. Mit Salz und Pfeffer würzen, herausnehmen.

3 1 EL Fett im Topf erhitzen. Rest Lauchzwiebeln und Kartoffeln darin andünsten. 1 l Wasser und Brühe einrühren, aufkochen. Bei mittlerer Hitze zugedeckt 15–20 Minuten köcheln.

4 Sahne halbsteif schlagen. Kartoffeln in der Brühe mit dem Stabmixer pürieren. Hälfte Sahne einrühren. Suppe abschmecken. Pfifferlinge und Lauchzwiebeln in der Suppe erhitzen. Mit je 1 Klecks Sahne und etwas Pfeffer anrichten. Mit Blüten garnieren.

ZUBEREITUNGSZEIT ca. 45 Min.
PORTION ca. 330 kcal
5 g E • 21 g F • 29 g KH

Extra-Tipp

Die Suppe schmeckt auch lecker mit Steinpilzen. Außerhalb der Pilzsaison können Sie auch braun angebratene Champignons nehmen.

Kartoffel-Sauerkrauttopf

ZUTATEN FÜR 4–6 PERSONEN

- 2 Zwiebeln
- 2 Paprikaschoten (z. B. rot und gelb)
- 1 kg Kartoffeln (z. B. mehligkochende)
- ½–1 rote Chilischote
- 1 Dose (850 ml) Sauerkraut
- 3–4 Stiele frischer oder 1 TL getrockneter Majoran
- 2 EL Öl
- Salz • Pfeffer • Edelsüß-Paprika
- 2 EL Gemüsebrühe (oder 2 l frisch gekochte Gemüsebrühe, s. S. 185)

1 Zwiebel schälen, halbieren und in Streifen schneiden. Paprika putzen, waschen und in Stücke schneiden. Kartoffeln schälen, waschen und würfeln. Chili waschen, längs einritzen, entkernen und in Ringe schneiden. Sauerkraut abtropfen lassen und evtl. etwas kleiner schneiden. Majoran waschen, abzupfen und etwas zum Garnieren beiseite legen. Rest hacken.

2 Öl in einem großen Topf erhitzen. Zwiebeln, Paprika und Kartoffeln zufügen und kräftig anbraten. Mit Salz, Pfeffer, 1 TL Edelsüß-Paprika, Chili und Majoran würzen. Sauerkraut zugeben und andünsten. 2 l Wasser angießen, aufkochen und Brühe einrühren. Alles zugedeckt 20–25 Minuten köcheln.

3 Suppe nochmals abschmecken. Anrichten und mit Edelsüß-Paprika bestäuben, mit Majoran garnieren.

ZUBEREITUNGSZEIT ca. 1 Std.
PORTION ca. 290 kcal
16 g E • 8 g F • 37 g KH

Extra-Tipps

- Kartoffeln, die zusammen mit Sauerkraut garen, werden durch dessen Säure langsamer gar. Wählen Sie daher lieber keine festkochende, sondern besser eine mehligkochende Sorte.
- Sauerkraut ist ideal für die schlanke Linie: 100 g enthalten gerade mal 17 Kalorien. Es ist reich an Kalium, das entwässernd wirkt, und seine Milchsäurebakterien kurbeln die Verdauung an.

Bunter Kartoffeltopf mit Kabanossi

ZUTATEN FÜR 4 PERSONEN

- 800 g Kartoffeln
- 1 Bund Suppengrün
- 1 mittelgroße Zwiebel
- 200 g Kabanossi oder Mettenden
- 1 EL Öl
- evtl. 2–3 TL Gemüsebrühe
- ½ TL getrockneter Oregano
- 500 g Kasselerkotelett (mit Knochen)
- Pfeffer • Salz
- evtl. Majoran zum Garnieren

1 Kartoffeln schälen, waschen und würfeln. Suppengrün putzen bzw. schälen und waschen. Sellerie und evtl. Petersilienwurzel in kleine Stücke, Möhren in Scheiben, Porree in Ringe schneiden. Zwiebel schälen und würfeln.

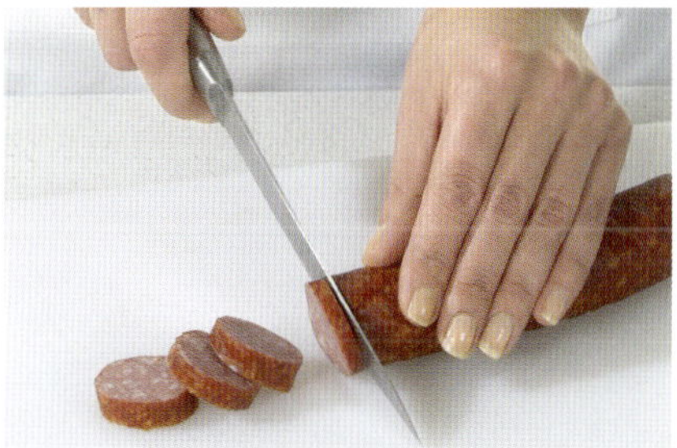

2 Kabanossi in dünne Scheiben schneiden. Im heißen Öl im großen Topf braun anbraten. Herausnehmen.

3 Zwiebel, Kartoffeln und Suppengrün im Bratfett andünsten. Ca. 1 l Wasser, Brühe und Oregano zugeben. Fleisch waschen, zufügen. Alles aufkochen und zugedeckt ca. 30 Minuten köcheln. Fleisch herausnehmen, vom Knochen lösen und würfeln. Wieder in den Eintopf geben. Mit Pfeffer und evtl. Salz abschmecken. Mit Kabanossi anrichten, garnieren.

ZUBEREITUNGSZEIT ca. 1 Std.
PORTION ca. 560 kcal
39 g E • 29 g F • 32 g KH

Kartoffelsuppe mit Knusperspeck

ZUTATEN FÜR 4 PERSONEN

- 100 g Frühstücksspeck (Bacon)
- 1 mittelgroße Zwiebel
- 2 Knoblauchzehen
- 1 kleines Bund Suppengrün
- 500 g mehligkochende Kartoffeln
- 1 EL Butterschmalz oder Öl
- 1–2 EL klare Brühe (oder 1 l frisch gekochte Rinderbrühe, s. S. 185)
- 1 Lorbeerblatt
- 1 TL getrockneter Majoran
- 3 Stiele Petersilie
- Salz • Pfeffer • Muskat
- 4 TL saure Sahne

1 Speck in Streifen schneiden. Zwiebel und Knoblauch schälen, würfeln. Suppengrün putzen bzw. schälen, waschen und in grobe Stücke schneiden. Kartoffeln schälen, waschen und würfeln.

2 Butterschmalz erhitzen. Speck darin knusprig braten und herausnehmen. Zwiebel, Knoblauch, Suppengrün und Kartoffeln im heißen Speckfett ca. 5 Minuten andünsten. Mit ca. 1 l Wasser ablöschen und aufkochen. Brühe einrühren. Mit Lorbeer und Majoran würzen. Alles zugedeckt ca. 20 Minuten köcheln.

3 Petersilie waschen und hacken. Topf vom Herd nehmen. Lorbeer entfernen. Suppe pürieren. Mit Salz, Pfeffer und Muskat abschmecken. Kartoffelsuppe mit Speck, Petersilie und jeweils 1 TL saurer Sahne anrichten.

ZUBEREITUNGSZEIT ca. 1 Std.
PORTION ca. 260 kcal
10 g E • 13 g F • 23 g KH

Erdnuss-Kartoffelsuppe mit Kabanossi-Chips

ZUTATEN FÜR 4 PERSONEN

- 1 Stange Porree (Lauch)
- 1 Zwiebel
- 100 g Kabanossi
- 750 g Kartoffeln (z.B. mehligkochend)
- 1 EL Öl
- 3 EL Erdnusscreme (creamy)
- 1 EL Gemüsebrühe (oder 1 l frisch gekochte Gemüsebrühe, s. S. 185)
- ca. 5 EL Schlagsahne
- Chilipulver • Salz
- 3 EL geröstete Erdnusskerne

1 Porree putzen, waschen und in feine Ringe schneiden. Zwiebel schälen und würfeln. Kabanossi in sehr dünne Scheiben schneiden. Kartoffeln schälen, waschen und in Stücke schneiden.

2 Öl in einem großen Topf erhitzen. Die Kabanossischeiben darin knusprig braten und herausnehmen. Porree im heißen Bratfett kurz andünsten, ebenfalls herausnehmen.

3 Kartoffeln und Zwiebel im Bratfett andünsten. Erdnusscreme einrühren. 1 l Wasser und Brühe zugeben, aufkochen. Zugedeckt ca. 20 Minuten garen.

4 Suppe pürieren. Sahne einrühren. Mit Chilipulver und Salz abschmecken. Porree und Kabanossi wieder darin erhitzen. Suppe anrichten, mit Erdnüssen und evtl. Chilipulver bestreuen.

ZUBEREITUNGSZEIT ca. 1 Std.
PORTION ca. 410 kcal
14 g E • 25 g F • 29 g KH

Altbayerische Kartoffelsuppe

ZUTATEN FÜR 4 PERSONEN

- 600 g mehligkochende Kartoffeln
- 1 Bund Suppengrün
- 2 Knoblauchzehen
- 3 mittelgroße Zwiebeln
- 3 EL Butterschmalz
- 4 TL Gemüsebrühe (oder 1 l frisch gekochte Gemüsebrühe, s. S. 185)
- Salz • Pfeffer
- ½ TL gemahlener Kümmel
- 1 Scheibe (100 g) Leberkäse
- 1 kleines Stück (ca. 30 g) frische Meerrettichwurzel
- 100 g Crème fraîche
- ½ TL getrockneter Majoran
- evtl. Majoran zum Garnieren

1 Kartoffeln und Suppengrün schälen bzw. putzen, waschen und klein schneiden. Knoblauch und 2 Zwiebeln schälen, fein würfeln.

2 Zwiebel- und Knoblauchwürfel im Topf in 2 EL heißem Butterschmalz andünsten. Kartoffeln und Gemüse kurz mitdünsten. 1 l Wasser, Brühe, Salz, Pfeffer und Kümmel einrühren. Aufkochen und zugedeckt ca. 20 Minuten köcheln.

3 1 Zwiebel schälen, in dünne Ringe schneiden. Leberkäse würfeln. Beides in 1 EL heißem Butterschmalz rösten.

4 Meerrettich schälen und raspeln. Die Kartoffelsuppe grob pürieren. Crème fraîche, Majoran und die Hälfte Meerrettich unterrühren. Abschmecken und alles anrichten. Mit Rest Meerrettich und Majoran garnieren.

ZUBEREITUNGSZEIT ca. 40 Min.
PORTION ca. 340 kcal
9 g E • 21 g F • 27 g KH

Eine klare Sache

Eine Bouillon stärkt und wärmt Körper und Seele. Besonders wenn sie mit frischen Zutaten und viel Liebe gekocht wird

Rezept auf Seite 58

Gemüsebouillon mit Klößchen

ZUTATEN FÜR 4 PERSONEN

- **1 kleines Bund Suppengrün**
- **1 mittelgroße Zwiebel**
- **1 EL Butter/Margarine**
- **evtl. 2–3 TL Gemüsebrühe**
- **1 Bund Schnittlauch**
- **2 feine ungebrühte Bratwürste**
- **Salz • Pfeffer**
- **evtl. 1 EL Weinbrand/Cognac**

1 Suppengrün putzen bzw. schälen und waschen. Möhre in Scheiben schneiden und beiseite legen. Übriges Suppengrün klein schneiden. Zwiebel schälen und würfeln.

2 Fett in einem Topf erhitzen. Suppengrün und Zwiebel darin andünsten. Mit gut ¾ l Wasser ablöschen. Aufkochen und die Brühe darin auflösen. Ca. 10 Minuten zugedeckt köcheln lassen.

3 Schnittlauch waschen und fein schneiden. Das Wurstbrät aus der Hülle drücken. Mit 2 EL Schnittlauch verkneten und zu Klößchen formen.

4 Die Brühe durchsieben und die Möhrenscheiben in der siedenden Brühe ca. 3 Minuten garen. Brätklößchen zufügen und alles weitere ca. 5 Minuten gar ziehen lassen.

5 Brühe mit Salz, Pfeffer und Weinbrand abschmecken. Vor dem Servieren mit Schnittlauch bestreuen.

ZUBEREITUNGSZEIT ca. 35 Min.
PORTION ca. 230 kcal
8 g E · 20 g F · 2 g KH

Bohnensuppe mit Pesto

ZUTATEN FÜR 4 PERSONEN

- 1 kleine Zwiebel
- 300 g grüne Bohnen
- 3–4 EL Öl (z. B. Olivenöl)
- 1 EL Tomatenmark
- 2 EL Gemüsebrühe (oder 1 l frisch gekochte Gemüsebrühe, s. S. 185)
- 1 Dose (425 ml) weiße italienische Bohnenkerne
- 1 Knoblauchzehe
- ½ Bund/Töpfchen Basilikum
- 2 EL Pinienkerne
- Salz • Pfeffer

1 Zwiebel schälen und fein würfeln. Grüne Bohnen putzen und waschen. 1 EL Öl im Topf erhitzen. Zwiebel darin andünsten. Tomatenmark darin anschwitzen. Mit 1 l Wasser ablöschen, aufkochen. Brühe einrühren. Grüne Bohnen darin zugedeckt ca. 15 Minuten garen.

2 Bohnenkerne abgießen, abspülen und abtropfen lassen. Knoblauch schälen. Basilikum waschen, abzupfen und etwas zum Garnieren beiseite legen. Pinienkerne, Knoblauch und Rest Basilikum, z. B. im Universalzerkleinerer, fein hacken. Mit 2–3 EL Öl gut verrühren, mit Salz und Pfeffer würzen.

3 Bohnenkerne in der Suppe erhitzen. Bohnensuppe mit Salz und Pfeffer abschmecken. Mit dem Pesto anrichten und mit restlichem Basilikum garnieren.

ZUBEREITUNGSZEIT ca. 30 Min.
PORTION ca. 190 kcal
7 g E • 11 g F • 15 g KH

Extra-Tipps

- Das Pesto können Sie statt mit Basilikum auch mit glatter Petersilie zubereiten.
- Wenn Sie getrocknete Bohnenkerne nehmen, brauchen Sie ca. 200 g. Diese über Nacht einweichen und am nächsten Tag 1–1 ½ Stunden weich kochen.

Tomaten-Basilikum-Bouillon

ZUTATEN FÜR 4 PERSONEN

- 4 Tomaten
- 2–3 kleine Zwiebeln
- 2 EL Öl (z. B. Olivenöl)
- 3 TL Gemüsebrühe (oder 800 ml frisch gekochte Gemüsebrühe, s. S. 185)
- 4 Stiele Basilikum
- Salz • Pfeffer
- evtl. kleine rote Chilischoten zum Garnieren

1 Tomaten waschen und 3 Tomaten grob würfeln. Zwiebeln schälen und in feine Ringe schneiden.

2 Zwiebeln im heißen Öl glasig dünsten, herausnehmen. Dann die Tomatenwürfel kurz andünsten. 800 ml Wasser und Brühe zugeben, aufkochen und ca. 10 Minuten köcheln.

3 Übrige Tomate in Spalten oder Würfel schneiden. Basilikum waschen und die Blättchen abzupfen. Bouillon durch ein Sieb gießen und abschmecken. Tomatenspalten, Zwiebelringe und Basilikumblättchen in Suppenteller verteilen. Die heiße Bouillon darüberfüllen. Mit Rest Basilikum und Chili garnieren.

ZUBEREITUNGSZEIT ca. 30 Min.
PORTION ca. 80 kcal
2 g E · 6 g F · 5 g KH

Tomaten häuten

Feiner wird's, wenn Sie die Tomaten vorher häuten: Dazu an der glatten Seite kreuzweise einritzen, mit kochendem Wasser übergießen und 1–2 Minuten ziehen lassen. Dann abschrecken und die Haut abziehen. Stielansätze entfernen.

Klare Gemüsesuppe

ZUTATEN FÜR 4 PERSONEN

- 1 Bund Suppengrün
- 1 mittelgroße Zwiebel
- 1 EL Öl
- 1 Lorbeerblatt
- 2 Gewürznelken
- 3 Wacholderbeeren
- einige Pfefferkörner
- Salz • Pfeffer
- 2 mittelgroße Möhren
- 1 kleine Stange Porree (Lauch)
- einige Spritzer Worcestersoße
- 2–3 Stiele Petersilie

1 Suppengrün putzen bzw. schälen, waschen und klein schneiden. Zwiebel waschen, mit Schale halbieren.

2 Öl in einem großen Topf erhitzen. Zwiebel und Suppengrün darin kräftig anbraten. Mit 1 l Wasser ablöschen. Gewürze und ca. ½ TL Salz zufügen. Alles aufkochen und bei schwacher Hitze offen ca. 35 Minuten köcheln.

3 Inzwischen Möhren schälen, waschen und in dünne Scheiben schneiden. Porree putzen, waschen und in feine Ringe schneiden.

4 Die Brühe durch ein Sieb gießen und aufkochen. Möhren und Porree darin zugedeckt 5–7 Minuten garen. Mit Salz, Pfeffer und Worcestersoße abschmecken. Petersilie waschen und die Blättchen abzupfen. Suppe mit Petersilie bestreuen.

ZUBEREITUNGSZEIT ca. 50 Min.
PORTION ca. 140 kcal
9 g E • 9 g F • 5 g KH

Extra-Tipp

Tolle Basis für Soßen: Gemüsesuppe auf die Hälfte einkochen lassen und portionsweise (z. B. in Gefrierbeuteln) einfrieren. Bei Bedarf erhitzen und wieder verdünnen.

Gemüsesuppe mit Kräuterflädle

ZUTATEN FÜR 4 PERSONEN

- 1 Bund Suppengrün
- 1 mittelgroße Zwiebel
- 2 EL Öl
- 2–3 Pfefferkörner
- evtl. 2 Pimentkörner
- Salz • Pfeffer
- je 2 Stiele Petersilie und Dill
- 2 leicht gehäufte EL (30 g) Mehl
- 1 Ei (Gr. M)
- 5 EL (50 ml) Milch
- 1 kleine rote Paprikaschote
- 75 g TK-Erbsen

1 Suppengrün und Zwiebel putzen bzw. schälen, waschen und grob schneiden. In einem Topf in 1 EL heißem Öl kräftig anrösten. Gut 1 l Wasser, Gewürzkörner und etwas Salz zufügen. Zugedeckt ca. 45 Minuten köcheln.

2 Kräuter waschen und hacken. ⅔ mit Mehl, Ei, Milch und Salz verrühren. Ca. 10 Minuten quellen lassen. 1 EL Öl portionsweise in einer Pfanne erhitzen. Aus dem Teig darin nacheinander 2 dünne Pfannkuchen goldbraun backen. Aufrollen und abkühlen lassen. In dünne Scheiben schneiden.

3 Brühe durchsieben und aufkochen. Paprika putzen, waschen und fein würfeln. Mit Erbsen ca. 5 Minuten in der Brühe garen. Suppe abschmecken. Flädle und Suppe in vier tiefe Teller füllen. Mit übrigen Kräutern bestreuen.

ZUBEREITUNGSZEIT ca. 1 Std.
PORTION ca. 130 kcal
5 g E • 8 g F • 8 g KH

Extra-Tipp

Die Gemüsesuppe kann man prima vorkochen und sogar einfrieren. Die Flädle evtl. schon am Vortag backen und zum Servieren mit heißer Suppe übergießen.

Rindfleischsuppe mit Polentanocken

ZUTATEN FÜR 4 PERSONEN

- 1 Bund Suppengrün
- 1 mittelgroße Zwiebel
- 1 Rinderbeinscheibe (ca. 500 g)
- 2 Gewürznelken
- ½ TL Pfefferkörner
- 1 Lorbeerblatt
- Salz • Pfeffer
- 1 EL Butter/Margarine
- 50 g Polenta (Maisgrieß)
- 50 g Doppelrahmfrischkäse
- 1 Eigelb
- 100 g Zuckerschoten oder 3–4 EL TK-Erbsen

1 Suppengrün putzen bzw. schälen, waschen und grob zerkleinern. Zwiebel evtl. schälen und halbieren. Schnittfläche im großen Suppentopf kräftig anbraten. Fleisch waschen. Beides mit 2 l Wasser, Nelken, Pfefferkörnern, Lorbeer und 1 TL Salz aufkochen. Offen ca. 2 Stunden köcheln. Entstehenden Schaum dabei öfter abschöpfen. Suppengrün nach ca. 1 Stunde zugeben und mitgaren.

2 Fett erhitzen. Polenta darin kurz anrösten. ⅛ l Wasser zugießen, aufkochen und 2–3 Minuten köcheln. Vom Herd ziehen. Frischkäse und Eigelb unterrühren. Mit Salz und Pfeffer abschmecken.

3 Reichlich Salzwasser aufkochen. Von der Masse mit zwei Teelöffeln Nocken abstechen. Im siedenden Wasser gar ziehen lassen, bis sie oben schwimmen. Herausheben und abtropfen lassen.

4 Zuckerschoten putzen, waschen und in Stücke schneiden. Fleisch herausnehmen, Brühe durchsieben und abschmecken. Schoten darin ca. 4 Minuten garen. Fleisch würfeln. Mit den Nocken in der Bouillon erhitzen.

ZUBEREITUNGSZEIT ca. 2½ Std.
PORTION ca. 290 kcal
29 g E • 14 g F • 11 g KH

Rinderbrühe mit Grießnocken

ZUTATEN FÜR 4 PERSONEN

- 1 Ochsenbeinscheibe (ca. 400 g)
- 1 TL Pfefferkörner
- 1 Bund Suppengrün
- 200 ml Milch
- 1 EL Butter
- 50 g Weichweizengrieß
- Salz • Pfeffer • Muskat
- 1 Ei
- ½ Bund Schnittlauch

1 Fleisch waschen und mit 1 ½ l kaltem Wasser und Pfefferkörnern aufkochen. Brühe ca. 2 Stunden köcheln und den dabei entstehenden Schaum öfter abschöpfen. Suppengrün putzen bzw. schälen und waschen. Hälfte grob würfeln und nach ca. 1 Stunde zur Brühe geben. Rest Gemüse in feine Streifen schneiden.

2 Milch und Butter aufkochen. Grieß einrühren, mit Salz, Pfeffer und Muskat würzen. Aufkochen und vom Herd ziehen. Dann ca. 5 Minuten quellen lassen. Ei verquirlen, unterrühren.

3 Aus der Masse mit zwei Teelöffeln ca. 12 Nocken abstechen. In siedendem Salzwasser bei schwacher Hitze ca. 10 Minuten gar ziehen lassen, herausheben.

4 Fleisch aus der Brühe nehmen. Brühe durchsieben, aufkochen. Gemüsestreifen darin ca. 5 Minuten garen. Evtl. Fleisch vom Knochen lösen, fein würfeln und in die Brühe geben. Schnittlauch waschen und fein schneiden. Mit den Nocken in der Suppe anrichten.

ZUBEREITUNGSZEIT ca. 2 ½ Std.
PORTION ca. 270 kcal
27 g E • 11 g F • 14 g KH

Bouillon mit Käsecroûtons

ZUTATEN FÜR 4 PERSONEN

- 1 mittelgroße Zucchini (ca. 200 g)
- 2–3 Lauchzwiebeln
- 1 Knoblauchzehe
- 3 Scheiben Toastbrot
- 40 g Emmentaler oder Bergkäse (Stück)
- 1 EL Öl
- 2 EL Gemüsebrühe (oder 1 l frisch gekochte Gemüsebrühe, s. S. 185)
- 1 Lorbeerblatt
- Salz • Pfeffer
- Backpapier

1 Zucchini waschen, putzen und fein würfeln. Lauchzwiebeln putzen, waschen und in feine Ringe schneiden. Knoblauch schälen und fein hacken.

2 Aus jeder Toastscheibe 4 Kreise (ca. 4 cm Ø) ausstechen oder Brotscheiben entrinden und vierteln. Käse reiben.

3 Öl in einem Topf erhitzen. Zucchini, Lauchzwiebeln und Knoblauch darin andünsten. 1 l Wasser, Brühe und Lorbeer zufügen. Alles aufkochen und zugedeckt 5–8 Minuten köcheln.

4 Backblech mit Backpapier auslegen. Toastkreise darauflegen und mit Käse bestreuen. Im vorgeheizten Backofen (E-Herd: 200 °C/Umluft: 175 °C/Gas: s. Hersteller) ca. 5 Minuten backen.

5 Lorbeer aus der Bouillon entfernen. Brühe mit Salz und Pfeffer abschmecken. Mit den Käsecroûtons anrichten.

ZUBEREITUNGSZEIT ca. 25 Min.
PORTION ca. 150 kcal
6 g E • 7 g F • 15 g KH

Extra-Tipp

Bei dieser Bouillon mit nur wenig Einlage lohnt es sich besonders, die Gemüsebrühe von Grund auf zu kochen. Viel Geschmack bringt ein würziger Käse auf den Croûtons.

Gemüsebrühe mit Käseklößchen

ZUTATEN FÜR 4 PERSONEN

- 1 Bund Suppengrün
- 1 kleine Zwiebel
- 1 EL Öl
- 50 g Weichweizengrieß
- 40 g Gouda (Stück)
- Salz • Pfeffer
- 2–3 Stangen (ca. 100 g) Staudensellerie oder 100 g Kohlrabi
- evtl. 1–2 TL Gemüsebrühe
- evtl. Kerbel zum Garnieren

1 Suppengrün putzen bzw. schälen, waschen und klein schneiden. Zwiebel schälen und vierteln. Öl in einem Topf erhitzen. Zwiebel darin anbraten. Suppengrün zufügen und kurz mit andünsten. Mit gut ¾ l Wasser ablöschen und aufkochen. Alles zugedeckt 20–25 Minuten köcheln lassen.

2 100 ml Wasser aufkochen. Grieß einstreuen und so lange rühren, bis sich der Teig kloßartig vom Topfboden löst. Käse direkt auf den Grieß reiben und schmelzen lassen. Mit Salz und Pfeffer würzen, alles unterkneten. Masse etwas abkühlen lassen und dann mit angefeuchteten Händen oder zwei Teelöffeln Klößchen daraus formen.

3 Sellerie putzen, waschen und in Stifte oder dünne Scheiben schneiden. Brühe durchsieben und aufkochen. Sellerie bei schwacher Hitze ca. 10 Minuten darin garen. Klößchen zugeben, ca. 7 Minuten gar ziehen lassen.

4 Gemüsebrühe mit Salz, Pfeffer und Brühe abschmecken. Mit Kerbelblättchen garnieren.

ZUBEREITUNGSZEIT ca. 50–55 Min.
PORTION ca. 120 kcal
6 g E • 5 g F • 11 g KH

Erbsen, Bohnen und Co.

Aus den vielseitigen kleinen Kraftspendern haben wir leckere Eintöpfe, zarte Cremesuppen und würzige Currys gekocht

Rezept auf Seite 65

Gelbe Erbsensuppe

ZUTATEN FÜR 4 PERSONEN

- 1 mittelgroße Zwiebel
- 2–3 Knoblauchzehen
- 1 mittelgroße Möhre
- 125 g gelbe Schälerbsen
- 2 EL Olivenöl
- 3–4 TL Gemüsebrühe (oder 1 ½ l frisch gekochte Gemüsebrühe, s. S. 185)
- 100 g Kirschtomaten
- ½ Bund Petersilie
- einige Spritzer Tabasco
- Salz • weißer Pfeffer
- 4 dünne Scheiben Paprikasalami
- evtl. Minze zum Garnieren

1 Zwiebel, Knoblauch und Möhre schälen, Möhre waschen. Alles würfeln. Erbsen abspülen.

2 Öl in einem Topf erhitzen. Zwiebel, Knoblauch und die Hälfte Möhre darin kurz andünsten. Erbsen, 1 ½ l Wasser und Brühe zufügen. Alles aufkochen und zugedeckt bei schwacher Hitze ca. 50 Minuten garen.

3 Tomaten waschen und halbieren. Petersilie waschen und fein hacken. Suppe fein pürieren. Mit Tabasco, Salz und Pfeffer abschmecken. Restliche Möhre in der Suppe ca. 5 Minuten garen. Tomaten darin kurz erhitzen. Suppe mit Salami und Petersilie anrichten. Garnieren.

ZUBEREITUNGSZEIT ca. 1 ½ Std.
PORTION ca. 220 kcal
11 g E • 10 g F • 19 g KH

Extra-Tipp

Statt mit Erbsen können Sie diese Suppe auch mit roten Linsen zubereiten. Da diese schon nach ca. 10 Minuten gar sind, ist die Suppe auch viel schneller fertig.

Bohnensuppe mit Kabanossi-Chips

ZUTATEN FÜR 4 PERSONEN

- 100 g Kabanossi
- 1 mittelgroße Zwiebel
- 1 Knoblauchzehe
- 300 g grüne Bohnen
- 1 Dose (425 ml) weiße Bohnenkerne
- 1–2 EL Öl
- 2 EL Gemüsebrühe (oder knapp 1 l frisch gekochte Gemüsebrühe, s. S. 185)
- Salz • Pfeffer
- ½ Bund Petersilie

1 Kabanossi in sehr dünne Scheiben schneiden. Zwiebel und Knoblauch schälen und fein würfeln. Grüne Bohnen putzen, waschen und halbieren. Bohnenkerne abspülen und abtropfen lassen.

2 Öl erhitzen. Kabanossi darin kurz und kräftig anbraten. Herausnehmen. Zwiebel und Knoblauch im Bratfett glasig dünsten. Mit knapp 1 l Wasser ablöschen. Aufkochen, Brühe einrühren. Grüne Bohnen zufügen, alles aufkochen. Zugedeckt 15–20 Minuten köcheln. Bohnenkerne nach ca. 10 Minuten zufügen und mitgaren.

3 Suppe mit Salz und Pfeffer abschmecken. Kabanossi darin erhitzen. Petersilie waschen, hacken und darüberstreuen. Dazu schmeckt frisches Baguette.

ZUBEREITUNGSZEIT ca. 50 Min.
PORTION ca. 250 kcal
11 g E • 15 g F • 16 g KH

Extra-Tipps

- Alle Zutaten für diese Suppe kann man prima auf Vorrat halten.
- Statt frischer Bohnen eignen sich auch tiefgefrorene. Sie sind in ca. 8 Minuten gar (s. Packungsanweisung).
- Die Kabanossi können Sie durch Wiener Würstchen ersetzen. Diese nicht vorher anbraten, nur zum Schluss mit erhitzen.

Kidneybohneneintopf mit Mais

ZUTATEN FÜR 4–6 PERSONEN

- 300 g getrocknete Kidneybohnen
- 400 g Kasselernacken (mit Knochen)
- 1 Bund Petersilie
- 4 Knoblauchzehen
- 100 g fetter Speck (evtl. grüner/frischer)
- 125 g Stangensellerie
- 500 g Kartoffeln
- 3–4 EL Olivenöl
- evtl. 1–2 EL Gemüsebrühe
- 1 Dose (212 ml) Maiskörner
- Salz • Pfeffer

1 Bohnen abspülen und in ca. 1 l kaltem Wasser über Nacht einweichen.

2 Kasseler waschen. In einem großen Topf mit ca. 1 ½ l Wasser aufkochen und zugedeckt ca. 15 Minuten köcheln.

3 Petersilie waschen und fein hacken. Knoblauch schälen. Knoblauch und Speck sehr fein würfeln. Alles zu einer Paste verrühren, 2 EL beiseite stellen.

4 Kidneybohnen samt Einweichwasser und Kräuterpaste zum Kasseler geben, alles aufkochen. Zugedeckt 1 ½–1 ¾ Stunden köcheln.

5 Sellerie putzen und waschen. Kartoffeln schälen, waschen und beides fein würfeln. Mit Öl und Brühe ca. 15 Minuten vor Ende der Garzeit zufügen.

6 Mais abtropfen lassen. Kasseler herausheben, Fleisch ablösen und klein schneiden. Fleisch und Mais in der Suppe erhitzen. Abschmecken. Rest Kräuterpaste dazureichen.

ZUBEREITUNGSZEIT ca. 2 ½ Std.
EINWEICHZEIT ca. 12 Std.
PORTION ca. 490 kcal
24 g E • 26 g F • 36 g KH

Linsensuppe mit Speck

ZUTATEN FÜR 4 PERSONEN

- 250 g Tellerlinsen
- 1 Zwiebel
- 1 EL Butter/Margarine
- 300 g geräucherter durchwachsener Speck
- 1 großes Bund Suppengrün
- ca. 2 gehäufte EL Kartoffelpüreepulver
- Salz • Pfeffer • Zucker • Lorbeer
- 2–3 EL Weißweinessig
- Petersilie zum Garnieren

1 Linsen abspülen und evtl. in 1 ½ l kaltem Wasser über Nacht einweichen.

2 Am nächsten Tag Suppengrün putzen bzw. schälen, waschen und fein würfeln. Zwiebel schälen und würfeln. Fett im Topf erhitzen und Zwiebelwürfel darin andünsten. Linsen samt Einweichwasser, Speck und Lorbeer in den Topf geben und aufkochen. Zu den Linsen geben und 35–45 Minuten köcheln. Speck herausnehmen und die Schwarte abschneiden. Speck in Scheiben schneiden.

3 Püreepulver in die Suppe rühren und aufkochen. Suppe mit Salz, Pfeffer, 1 Prise Zucker und Essig abschmecken. Speckscheiben zugeben. Suppe anrichten und mit Petersilie garnieren.

ZUBEREITUNGSZEIT 45–55 Min.
EVTL. EINWEICHZEIT ca. 12 Std.
PORTION ca. 740 kcal
28 g E • 50 g F • 43 g KH

Extra-Tipp

Der Eintopf bringt weniger Fett mit, wenn Sie nur 200 g Speck nehmen. Dann zur Sättigung 500 g rohe gewürfelte Kartoffeln ca. 15 Minuten mitgaren.

Eintopf mit weißen Bohnen

ZUTATEN FÜR 6 PERSONEN

- 4 Dosen (à 425 ml) große weiße Bohnenkerne
- 2 große Zwiebeln
- 2–3 Knoblauchzehen
- 4 Paprikaschoten (z. B. rote)
- 4 EL Öl
- 2–3 EL Gemüsebrühe (oder 1 ½ l frisch gekochte Gemüsebrühe, s. S. 185)
- 1–2 TL getrockneter Majoran
- 5–6 Stiele Koriander oder Petersilie
- Edelsüß-Paprika
- ca. 5 EL Weißweinessig
- Salz • evtl. etwas Zucker

1 Bohnen abspülen und abtropfen lassen. Zwiebeln und Knoblauch schälen. Paprika putzen und waschen. Zwiebeln, Knoblauch und Paprika fein würfeln.

2 Öl in einem großen Topf erhitzen. Zwiebeln, Knoblauch und Paprika darin anbraten. Bohnen zufügen. Mit ca. 1 ½ l Wasser ablöschen und aufkochen. Brühe und Majoran einrühren. Zugedeckt ca. 15 Minuten köcheln.

3 Koriander waschen, die Blättchen abzupfen und einige zum Garnieren beiseite legen. Rest fein hacken.

4 Bohnentopf mit Edelsüß-Paprika, Essig, Salz und 1 Prise Zucker abschmecken. Gehackten Koriander einrühren. Eintopf anrichten und mit dem Rest Koriander garnieren.

ZUBEREITUNGSZEIT ca. 35 Min.
PORTION ca. 270 kcal
16 g E • 8 g F • 32 g KH

Extra-Tipp

Statt mit großen weißen Bohnenkernen schmeckt der Eintopf auch mit kleineren weißen oder Kidneybohnen.

Meerrettich-Erbsencreme

ZUTATEN FÜR 4–6 PERSONEN

- 2 mittelgroße Zwiebeln
- 2 mittelgroße Möhren
- 1 EL Öl
- 2–3 EL klare Brühe (oder 1 ½ l frisch gekochte Rinderbrühe, s. S. 185)
- 300 g getrocknete grüne Schälerbsen
- 1–2 EL geriebener Meerrettich (Glas)
- Salz • Pfeffer
- 4–6 Scheiben (à ca. 15 g) geräucherte Putenbrust
- 3–4 Stiele Petersilie
- 4–6 TL Crème fraîche

1 Zwiebeln schälen, Möhren schälen und waschen. Zwiebeln und 1 Möhre grob würfeln. Öl in einem Topf erhitzen. Zwiebeln und Möhrenwürfel darin andünsten.

2 Knapp 1 ½ l Wasser, Brühe und Erbsen zugeben. Aufkochen und zugedeckt ca. 1 Stunde köcheln. Nach ca. 45 Minuten die ganze Möhre zugeben und mitgaren.

3 Ganze Möhre aus der Suppe nehmen und klein würfeln. Suppe fein pürieren. Mit Meerrettich, Salz und Pfeffer abschmecken.

4 Putenbrust in Streifen schneiden. Petersilie waschen und hacken. Suppe mit Crème fraîche, Möhrenwürfeln, Putenstreifen und Petersilie anrichten.

ZUBEREITUNGSZEIT ca. 1 ½ Std.
PORTION ca. 300 kcal
22 g E • 5 g F • 39 g KH

Kichererbsencurry mit Erdnüssen

ZUTATEN FÜR 4–6 PERSONEN

- 250 g getrocknete Kichererbsen
- 2 mittelgroße Zwiebeln
- 2–3 Knoblauchzehen
- 50–75 g ungesalzene Erdnusskerne
- 1–2 EL Öl
- Curry • Salz • Pfeffer
- 1 Blumenkohl (ca. 1 kg)
- 2–3 große Möhren
- 1 Bund Lauchzwiebeln
- 2 TL Gemüsebrühe
- ca. 1 EL Speisestärke

1 Kichererbsen abspülen, In 1 ¼ l Wasser über Nacht einweichen.

2 Zwiebeln und Knoblauch schälen, fein würfeln. Erdnüsse grob hacken. Öl im großen Topf erhitzen. Erdnüsse darin anrösten, knapp die Hälfte herausnehmen. Zwiebeln und Knoblauch kurz mit andünsten. 1 gehäuften EL Curry mit anschwitzen. Die Kichererbsen samt Einweichwasser zufügen. Aufkochen und zugedeckt ca. 1 Stunde köcheln.

3 Blumenkohl, Möhren und Lauchzwiebeln putzen bzw. schälen und waschen. Blumenkohl in Röschen teilen und die Lauchzwiebeln in Stücke schneiden. Möhren längs halbieren und ebenfalls in Stücke schneiden.

4 Kichererbsen mit Brühe und wenig Salz würzen. Blumenkohl und Möhren zufügen, aufkochen und alles zugedeckt 10–15 Minuten weiterköcheln.

5 Stärke in wenig Wasser glatt rühren. In das Curry rühren und nochmals kurz aufkochen. Lauchzwiebeln unterheben und erhitzen. Mit Salz und Pfeffer abschmecken. Mit Rest Erdnüssen bestreuen. Dazu passt Reis.

ZUBEREITUNGSZEIT ca. 1 ¾ Std.
EINWEICHZEIT ca. 12 Std.
PORTION ca. 250 kcal
16 g E • 8 g F • 27 g KH

Linsenragout mit Kartoffeln und Möhren

ZUTATEN FÜR 4 PERSONEN

- **100 g Kokosraspel**
- **3 mittelgroße Zwiebeln**
- **250 g grüne Bohnen**
- **2–3 Möhren (ca. 250 g)**
- **300 g Kartoffeln**
- **1 kleine rote Chilischote**
- **2–3 EL Öl**
- **2–3 TL Curry**
- **200 g gelbe oder rote Linsen**
- **evtl. 2 TL Senfkörner**
- **Worcestersoße**
- **Salz**

1 Kokosraspel in einer beschichteten Pfanne ohne Fett goldbraun rösten. Mit ca. ⅛ l Wasser verrühren und quellen lassen.

2 Zwiebeln schälen und in feine Würfel schneiden. Bohnen putzen, waschen und in Stücke brechen. Möhren und Kartoffeln schälen, waschen. Möhren in Stifte, Kartoffeln in Würfel schneiden. Chilischote waschen, längs einritzen, entkernen und fein hacken.

3 Zwiebeln und Kartoffeln in 1–2 EL heißem Öl andünsten. Curry darüberstäuben und kurz anschwitzen. Linsen abspülen und mit Bohnen, Chili und gut ¾ l Wasser zufügen. Alles aufkochen und zugedeckt ca. 20 Minuten köcheln. Möhren nach ca. 5 Minuten mitgaren.

4 Senfkörner in 1 EL heißem Öl 2–3 Minuten rösten. Die Kokosmasse in das Linsenragout rühren. Mit Worcestersoße und Salz abschmecken. Mit geröstetem Senf bestreuen. Dazu schmeckt dünnes Fladenbrot.

ZUBEREITUNGSZEIT ca. 45 Min.
PORTION ca. 440 kcal
17 g E · 22 g F · 41 g KH

Erbsensuppe mit Kasseler und Wurst

ZUTATEN FÜR 6–8 PERSONEN

- 1 Packung (500 g) gelbe ungeschälte Erbsen
- 1 großes Bund Suppengrün
- 500 g Kartoffeln
- 1 mittelgroße Zwiebel
- 750 g Kasselernacken (mit Knochen)
- 2–3 EL Öl
- 1 Lorbeerblatt
- 1 EL getrockneter Majoran
- Pfeffer • Salz
- 4 Mettenden (Kochwürste)
- evtl. Majoran zum Garnieren

1 Erbsen waschen und über Nacht in 2 ½ l kaltem Wasser einweichen.

2 Suppengrün und Kartoffeln putzen bzw. schälen und waschen. Zwiebel schälen. Alles klein würfeln. Kasseler waschen. Öl im großen Topf erhitzen. Gemüse, Kartoffeln und Zwiebel darin andünsten. Erbsen samt Einweichwasser, Kasseler, Lorbeer und getrockneten Majoran zufügen. Mit Pfeffer würzen und aufkochen. Zugedeckt bei mittlerer Hitze ca. 1 ½ Stunden köcheln, dabei den entstehenden Schaum öfter abschöpfen und umrühren. Mettenden die letzten 15 Minuten mitgaren.

3 Kasseler und Würste aus der Suppe nehmen. Fleisch vom Knochen lösen und würfeln, Würste in Scheiben schneiden. Fleisch und Wurst wieder in die Suppe geben. Mit Salz und Pfeffer abschmecken. Mit Majoranblättchen garnieren.

ZUBEREITUNGSZEIT ca. 2 ¼ Std.
EINWEICHZEIT ca. 12 Std.
PORTION ca. 530 kcal
43 g E • 18 g F • 46 g KH

Extra-Tipp

Das Einweichwasser von den Erbsen können Sie prima mitverwenden – es enthält wertvolle gelöste Nährstoffe.

Leichte Fitmacher

Diese Süppchen fallen kaum ins Gewicht. Bei allerhöchstens 370 Kalorien pro Portion bieten sie trotzdem den vollen Genuss

Rezept auf Seite 82

Curry-Kokos-Suppe mit Garnelen

ZUTATEN FÜR 4 PERSONEN

- 1 Packung (250 g) geschälte TK-Garnelen
- 1 Zwiebel (z.B. rot)
- 1 Knoblauchzehe
- 1 kirschgroßes Stück Ingwer
- ½–1 kleine rote Chilischote
- 2 EL (20 g) Öl
- 2 TL Curry
- 1 EL Mehl
- 1 Dose (400 ml) ungesüßte Kokosmilch
- 1 EL Gemüsebrühe (oder ½ l frisch gekochte Gemüsebrühe, s. S. 185)
- 2–3 Stiele Basilikum
- 2 Stiele Koriander
- Salz • 1–2 EL Zitronensaft
- evtl. 4 Holzspieße

1 Garnelen auftauen lassen. Zwiebel, Knoblauch und Ingwer schälen und hacken. Chili längs einritzen, entkernen, waschen und hacken.

2 Garnelen waschen und gut trocken tupfen. Öl in einem Topf erhitzen. Die Garnelen darin 2–3 Minuten kräftig anbraten. Herausnehmen.

3 Zwiebel, Knoblauch und Ingwer im heißen Bratfett anbraten. Curry und Mehl kurz mit anschwitzen. Kokosmilch, ½ l Wasser, Brühe und Chili einrühren. Aufkochen und zugedeckt ca. 10 Minuten köcheln.

4 Kräuter waschen, etwas Koriander zum Garnieren beiseite legen, Rest grob hacken. Suppe mit Salz und Zitronensaft abschmecken. Nach Belieben je 2 Garnelen auf Spieße stecken. Übrige Garnelen und Kräuter in der Suppe erhitzen. Alles anrichten. Mit Spießen und Rest Koriander garnieren.

ZUBEREITUNGSZEIT ca. 40 Min.
AUFTAUZEIT ca. 1 Std.
PORTION ca. 210 kcal
11 g E • 15 g F • 7 g KH

Gurkensuppe mit Sprossen

ZUTATEN FÜR 4 PERSONEN

- **1–2 Salatgurken (ca. 700 g)**
- **1 mittelgroße Zwiebel**
- **250 g Kartoffeln**
- **1 EL Öl**
- **3–4 TL Gemüsebrühe (oder ca. ¾ l frisch gekochte Gemüsebrühe, s. S. 185)**
- **1 grüne Paprikaschote**
- **75 g Sprossen (z. B. Radieschensprossen)**
- **½ Bund Dill**
- **½ Beet Kresse**
- **Salz • Pfeffer**

1 Gurken schälen und längs halbieren. Kerne herauskratzen. Etwas Gurke beiseite legen, Rest Gurken grob würfeln. Zwiebel schälen und hacken. Kartoffeln schälen, waschen und würfeln.

2 Öl in einem Topf erhitzen. Zwiebel darin glasig andünsten. Kartoffeln und Gurkenwürfel zugeben und kurz mitdünsten. Ca. ¾ l Wasser angießen und aufkochen, Brühe einrühren. Zugedeckt ca. 15 Minuten köcheln.

3 Restliche Gurke fein würfeln. Paprika putzen, waschen und klein schneiden. Sprossen verlesen und waschen. Kräuter waschen. Dillfähnchen abzupfen. Kresse vom Beet schneiden. Hälfte der Kräuter in die Suppe geben und alles kurz pürieren.

4 Paprika in der Suppe ca. 4 Minuten garen. Gurkenwürfel ca. 2 Minuten miterhitzen. Mit Salz und Pfeffer abschmecken. Mit den restlichen Kräutern und Sprossen bestreuen.

ZUBEREITUNGSZEIT ca. 30 Min.
PORTION ca. 110 kcal
4 g E • 5 g F • 12 g KH

Extra-Tipps

- Wer mag, kann die Gurkensuppe zusätzlich mit 1 Klecks Crème fraîche anrichten.
- Sie schmeckt übrigens im Sommer auch gut gekühlt als Kaltschale.

Tomatensuppe mit Oregano

ZUTATEN FÜR 4 PERSONEN

- 1 mittelgroße Zwiebel
- evtl. 1 Knoblauchzehe
- 750 g reife Tomaten
- 1 EL (20 g) Butter/Margarine
- 3 EL Tomatenmark
- 2–3 TL Gemüsebrühe (oder ½ l frisch gekochte Gemüsebrühe, s. S. 185)
- 3 Stiele frischer oder ½ TL getrockneter Oregano
- Salz • Pfeffer • etwas Zucker
- evtl. 2–3 EL Gin
- 4 TL Crème fraîche
- evtl. grober Pfeffer zum Bestreuen

1 Zwiebel und Knoblauch schälen, fein hacken. Tomaten waschen und vierteln. Fett in einem Topf erhitzen. Zwiebel und Knoblauch darin glasig dünsten. Tomatenmark einrühren und kurz anschwitzen.

2 Tomaten zufügen und andünsten. Mit ½ l Wasser ablöschen und Brühe einrühren. Oregano waschen, Blättchen abzupfen und etwas zum Garnieren beiseite legen, Rest zufügen. Alles aufkochen und ca. 15 Minuten köcheln.

3 Die Suppe durch ein feines Sieb streichen. Mit Salz, Pfeffer, 1 Prise Zucker und Gin abschmecken. Suppe mit Crème fraîche und Rest Oregano anrichten. Mit Pfeffer bestreuen.

ZUBEREITUNGSZEIT ca. 30 Min.
PORTION ca. 110 kcal
3 g E • 7 g F • 7 g KH

Bohneneintopf mit Schinken

ZUTATEN FÜR 4 PERSONEN

- 1 Bund Suppengrün
- 1 kg Kartoffeln (s. Tipp)
- 500 g grüne Bohnen (frisch oder TK)
- 2 EL (20 g) Öl
- 100 g magere Schinkenwürfel
- 2–3 TL Gemüsebrühe (oder 1 ½ l frisch gekochte Gemüsebrühe, s. S. 185)
- 2–3 Stiele glatte Petersilie
- Salz • Pfeffer

1 Suppengrün und Kartoffeln putzen bzw. schälen, waschen und in feine Würfel schneiden. Bohnen putzen, waschen und in kleinere Stücke brechen.

2 Öl in einem Topf erhitzen und Schinkenwürfel darin anbraten. Suppengrün und Kartoffeln zufügen und 2–3 Minuten andünsten. Bohnen, 1 ½ l Wasser und Brühe zufügen. Alles aufkochen und zugedeckt 15–20 Minuten köcheln.

3 Petersilie waschen und in dünne Streifen schneiden. Einige Gemüsewürfel in der Suppe zerdrücken, damit eine leichte Bindung entsteht. Suppe mit Salz und Pfeffer abschmecken. Mit Petersilie bestreuen und anrichten.

ZUBEREITUNGSZEIT 35–40 Min.
PORTION ca. 270 kcal
12 g E • 7 g F • 38 g KH

Extra-Tipps

- Bereiten Sie den Eintopf am besten mit mehligkochenden Kartoffeln zu. Sie zerfallen von ganz allein und machen die Suppe schön sämig.
- Auch lecker: Ersetzen Sie die Bohnen durch anderes Gemüse der Saison, z. B. Möhren, Wirsing oder Rosenkohl.

Sauerkrautsuppe mit Würstchen

ZUTATEN FÜR 4 PERSONEN

- **1 mittelgroße Zwiebel**
- **1 Dose (580 ml) Sauerkraut**
- **2 EL (20 g) Öl**
- **1–2 EL Tomatenmark**
- **Salz • Pfeffer • Edelsüß-Paprika**
- **evtl. etwas Kümmel**
- **2–3 TL Gemüsebrühe (oder 1 l frisch gekochte Gemüsebrühe, s. S. 185)**
- **2 Wiener Würstchen (à ca. 100 g)**
- **2–3 Stiele Petersilie**

1 Zwiebel schälen und fein würfeln. Sauerkraut abtropfen lassen und evtl. kleiner schneiden.

2 Öl in einem Topf erhitzen. Zwiebel und Sauerkraut darin kräftig andünsten. Tomatenmark kurz mit anschwitzen. Mit Salz, Pfeffer, Edelsüß-Paprika und Kümmel würzen. Mit 1 l Wasser ablöschen, Brühe zufügen. Alles aufkochen und zugedeckt ca. 20 Minuten köcheln.

3 Würstchen in Scheiben schneiden und in der Suppe kurz erhitzen. Mit Pfeffer, Edelsüß-Paprika und etwas Salz abschmecken. Petersilie waschen und fein hacken. Die Suppe anrichten und mit der Petersilie bestreuen.

ZUBEREITUNGSZEIT ca. 40 Min.
PORTION ca. 240 kcal
9 g E • 21 g F • 2 g KH

Extra-Tipps

- Wenn Sie die Suppe ganz ohne Fleisch zubereiten möchten, dann tauschen Sie die Würstchen durch Möhren- oder Paprikastücke aus.
- Mit 1 Klecks Crème fraîche oder Schmand obendrauf bekommt die Suppe eine sahnige Note.

Bunter Spargeltopf

ZUTATEN FÜR 4 PERSONEN

- 150 g Zuckerschoten oder TK-Erbsen
- 2–3 mittelgroße Möhren
- 500 g weißer Spargel
- 500 g grüner Spargel
- 1 mittelgroße Zwiebel
- 300 g ausgelöstes Kasselerkotelett
- 1 EL (10 g) Öl
- Salz • Pfeffer • etwas Zucker
- 2 TL Gemüsebrühe (oder 1 ½ l frisch gekochte Gemüsebrühe, s. S. 185)
- 1 EL Zitronensaft
- 2 Stiele Petersilie

1 Zuckerschoten putzen und waschen. Möhren schälen, waschen und in schräge Scheiben schneiden. Spargel waschen. Weißen Spargel schälen, holzige Enden abschneiden. Vom grünen Spargel die Enden großzügig abschneiden. Spargel klein schneiden. Zwiebel schälen und würfeln.

2 Kasseler waschen, trocken tupfen und würfeln. Im heißen Öl in einem großen Topf anbraten, herausnehmen. Zwiebel und Möhren im Bratfett andünsten. Mit wenig Salz und Pfeffer würzen. Mit 1 ½ l Wasser ablöschen, aufkochen. Brühe, Zitronensaft und Zucker zugeben.

3 Weißen Spargel in die Brühe geben und zugedeckt ca. 15 Minuten köcheln. Grünen Spargel ca. 8 Minuten, Zuckerschoten ca. 5 Minuten mitgaren. Fleisch wieder zugeben. Petersilie waschen und hacken. Spargeltopf abschmecken und mit Petersilie bestreuen.

ZUBEREITUNGSZEIT ca. 1 Std.
PORTION ca. 210 kcal
20 g E • 8 g F • 14 g KH

Schwarzwurzeltopf mit Lachsklößchen

ZUTATEN FÜR 4 PERSONEN

- ½ Wirsing (ca. 800 g)
- 3–4 mittelgroße Möhren
- 500 g Schwarzwurzeln
- 4 EL Essig
- 1 EL Mehl
- 2 EL (20 g) Öl
- 3–4 TL Gemüsebrühe (oder 1 ¼ l frisch gekochte Gemüsebrühe, s. S. 185)
- 1–2 TL Kümmel
- 200 g Lachsfilet (ohne Haut)
- 1 Eigelb
- Salz • Pfeffer
- 1 EL Zitronensaft
- Dill zum Garnieren

1 Wirsing putzen, waschen und in mundgerechte Stücke schneiden. Möhren schälen, waschen und in Scheiben schneiden. Schwarzwurzeln unter kaltem Wasser kräftig abbürsten. Schälen, waschen und sofort in Essigwasser mit Mehl legen, damit sie sich nicht dunkel verfärben.

2 Öl in einem großen Topf erhitzen. Möhren und Wirsing darin kurz andünsten. Ca. 1 ½ l Wasser angießen, Brühe einrühren, aufkochen. Die Schwarzwurzeln in dicke Scheiben schneiden. Mit Kümmel in die Brühe geben und alles ca. 15 Minuten köcheln.

3 Lachs waschen, trocken tupfen und grob würfeln. Mit dem Schneidstab fein pürieren. Eigelb unterrühren. Mit Salz, Pfeffer und Zitronensaft würzen. Lachsmasse mit zwei Teelöffeln zu Klößchen formen und in siedendem Salzwasser ca. 3 Minuten gar ziehen lassen. Klößchen herausheben und abtropfen lassen.

4 Suppe mit Salz und Pfeffer abschmecken. Lachsklößchen darin erhitzen. Suppe anrichten, mit Dill garnieren.

ZUBEREITUNGSZEIT ca. 50 Min.
PORTION ca. 280 kcal
17 g E • 14 g F • 19 g KH

Weißkohleintopf mit Kasseler

ZUTATEN FÜR 4 PERSONEN

- 750 g Weißkohl
- 500 g Möhren
- 4 mittelgroße Tomaten
- 400 g ausgelöstes mageres Kasselerkotelett (Stück)
- 1–2 Lorbeerblätter
- 1 TL Pfefferkörner
- 2 EL Tomatenmark
- Salz • Pfeffer
- 4 Scheiben (à ca. 60 g) Bauernbrot

1 Einen Tontopf (ca. 3,5 l Inhalt) mit Deckel in kaltem Wasser mind. 15 Minuten wässern.

2 Kohl putzen, waschen, vierteln und den Strunk entfernen. Kohl in grobe Stücke schneiden. Möhren schälen und waschen. Tomaten waschen. Beides in Stücke schneiden. Kasseler waschen, trocken tupfen und in Würfel schneiden.

3 Tontopf abtrocknen und vorbereitetes Gemüse, Kasseler, Lorbeer und Pfefferkörner hineinfüllen. Alles mischen. Knapp 3/8 l Wasser und Tomatenmark verrühren. Mit Salz und Pfeffer würzen und darübergießen.

4 Alles zugedeckt in den kalten Backofen schieben und bei 200 °C (Umluft: 175 °C/Gas: s. Hersteller) ca. 1 1/4 Stunden garen. Brot dazureichen.

ZUBEREITUNGSZEIT ca. 2 Std.
PORTION ca. 370 kcal
30 g E • 8 g F • 41 g KH

Extra-Info

Statt mit Speck und Mettwürstchen wird dieser deftige Weißkohltopf mit magerem Kasseler im Tontopf zubereitet. Der Clou: Alles gart aromaschonend ganz ohne Fett, und selbst magerstes Fleisch bleibt dabei supersaftig. Pro Portion sparen Sie auf diese Weise 45 g Fett!

Möhrencremesuppe mit Ingwer

ZUTATEN FÜR 4 PERSONEN

- 1 mittelgroße Zwiebel
- 1–2 Knoblauchzehen
- 1 walnussgroßes Stück (ca. 20 g) Ingwer
- 1 mittelgroße Kartoffel
- 500 g Möhren
- 1 gehäufter EL (20 g) Butter/Margarine
- Salz • Pfeffer
- 2 TL Gemüsebrühe (oder gut ¾ l frisch gekochte Gemüsebrühe, s. S. 185)
- 100 g Zuckerschoten
- einige Tropfen Tabasco
- 100 g Schlagsahne

1 Zwiebel, Knoblauch und Ingwer schälen und fein würfeln. Kartoffel und Möhren schälen, waschen. Alles, bis auf 1 Möhre, in Stücke schneiden.

2 1 EL Fett erhitzen. Zwiebel, Knoblauch und Ingwer darin andünsten. Kartoffel- und Möhrenstücke kurz mitdünsten, mit Salz und Pfeffer würzen. Gut ¾ l Wasser zufügen, aufkochen. Brühe einrühren und alles zugedeckt ca. 20 Minuten köcheln.

3 Zuckerschoten putzen, waschen und in feine Streifen schneiden. Übrige Möhre ebenso schneiden. 1 EL Fett erhitzen. Gemüsestreifen darin 3–5 Minuten dünsten. Mit Salz und Pfeffer würzen.

4 Suppe fein pürieren. Mit Salz und Tabasco abschmecken. Sahne steif schlagen und unterziehen. Mit den Gemüsestreifen anrichten.

ZUBEREITUNGSZEIT ca. 45 Min.
PORTION ca. 160 kcal
3 g E • 12 g F • 9 g KH

Asiahühnersuppe mit Glasnudeln

ZUTATEN FÜR 8–10 PERSONEN

- 2 Zwiebeln
- 500 g Möhren
- 1 Stück (15–20 g) Ingwer
- 2 Knoblauchzehen
- 1 Stängel Zitronengras (ersatzweise 1–2 EL gefriergetrocknetes)
- Salz
- 1 großes küchenfertiges Hähnchen (ca. 1,5 kg)
- 2 Stangen Porree (Lauch)
- 250 g Mungobohnenkeimlinge
- 1 Dose (446 ml) Ananasscheiben
- 125 g Glasnudeln
- 8 EL süßsaure Asiasoße
- ca. 8 EL Sojasoße
- ½ Bund/Töpfchen Koriander

1 Zwiebeln, 1 Möhre, Ingwer und Knoblauch schälen. Möhre und Zitronengras waschen. Alles in grobe Stücke schneiden und mit ca. 3 l Wasser und 1 EL Salz aufkochen. Hähnchen gut waschen und zufügen. Alles 1 ¼–1 ½ Stunden köcheln. Hähnchen herausnehmen und abkühlen lassen.

2 Inzwischen übrige Möhren und Porree schälen bzw. putzen, waschen und in feine Streifen schneiden. Keimlinge waschen und abtropfen lassen. Ananas abtropfen lassen, Saft dabei auffangen. Ananas in Stücke schneiden.

3 Glasnudeln mit reichlich kochendem Wasser übergießen und 2–3 Minuten ziehen lassen. Abschrecken, abtropfen lassen und klein schneiden.

4 Die Haut vom Hähnchen entfernen. Fleisch vom Knochen lösen und klein schneiden. Brühe durchsieben und aufkochen. Möhren und Porree darin 3–5 Minuten köcheln. Keimlinge zufügen. Alles ca. 2 Minuten weiterköcheln. Glasnudeln, Fleisch und Ananas mit erhitzen.

5 Suppe mit Asia- und Sojasoße und evtl. Salz und Ananassaft pikant abschmecken. Koriander waschen, Blättchen abzupfen und zufügen.

ZUBEREITUNGSZEIT ca. 2 ¼ Std.
PORTION ca. 280 kcal
24 g E · 11 g F · 19 g KH

Spitzkohlsuppe mit Croûtons

ZUTATEN FÜR 4 PERSONEN

- 3 mittelgroße Zwiebeln
- 1 Spitzkohl (ca. 650 g)
- 1 gehäufter EL (20 g) Butter/Margarine
- Salz • Pfeffer
- 3–4 TL Gemüsebrühe (oder 1 l frisch gekochte Gemüsebrühe, s. S. 185)
- 4–6 Stiele frischer oder 1 TL getrockneter Oregano
- 3 Scheiben Toastbrot
- 40 g magere Schinkenwürfel
- evtl. Kräuter zum Garnieren

1 Zwiebeln schälen und würfeln. Kohl putzen, waschen, vierteln und den Strunk herausschneiden. Kohl in grobe Stücke schneiden.

2 1 EL Fett in einem großen Topf erhitzen. Ca. ⅓ Zwiebeln darin glasig dünsten. Kohl kurz mitdünsten. Mit Salz und Pfeffer würzen. 1 l Wasser und Brühe zufügen und alles aufkochen. Zugedeckt ca. 15 Minuten garen.

3 Oregano waschen, trocken tupfen und die Blättchen abzupfen. Toast würfeln. Schinkenwürfel in 1 EL heißem Fett knusprig braten und herausnehmen. Restliche Zwiebeln und Brot im Bratfett goldbraun braten. Schinken und Oregano daruntermischen.

4 Die Suppe fein pürieren. Mit Salz und Pfeffer abschmecken. Mit Croûtons und Kräutern anrichten.

ZUBEREITUNGSZEIT ca. 45 Min.
PORTION ca. 150 kcal
7 g E • 6 g F • 15 g KH

Extra-Info

Spitzkohl ist eine besonders zarte Weißkohlart. Es gibt ihn inzwischen fast schon ganzjährig. Er hat eine zartere Struktur als der Winterkohl und ist auch schneller gar.

Deftiges mit Fleisch

Da lacht das Genießerherz: Gulasch, Tafelspitz, Hähnchen und Wurstklößchen sind die Stars in diesen herzhaften Suppen

Rezept auf Seite 90

Tafelspitzbouillon mit Schnittlauchklößchen

ZUTATEN FÜR 6 PERSONEN

- 2 Bund Suppengrün
- 1 Zwiebel
- 1,2 kg Tafelspitz (evtl. beim Fleischer vorbestellen)
- 1 TL Pfefferkörner
- 3–4 Wacholderbeeren
- 1 Lorbeerblatt
- 1 Bund Schnittlauch
- 1 Packung Knödelpulver „halb und halb" (für ¾ l; 12 Knödel)
- Salz • Pfeffer
- 50 g frischer Meerrettich
- evtl. 1 TL klare Brühe
- Petersilie zum Garnieren

1 1 Bund Suppengrün putzen bzw. schälen, waschen und grob zerkleinern. Zwiebel schälen und vierteln.

2 Fleisch abspülen und mit 2 l Wasser aufkochen. Suppengrün, Zwiebel und Gewürzzutaten zugeben. Bei schwacher Hitze ca. 2 Stunden köcheln. Dabei entstehenden Schaum öfter abschöpfen.

3 Inzwischen Schnittlauch waschen und fein schneiden. Mit Knödelpulver in ¾ l kaltes Wasser rühren und ca. 10 Minuten quellen lassen. Aus der Masse mit angefeuchteten Händen Klößchen formen. In siedendem Salzwasser bei schwacher Hitze 6–8 Minuten gar ziehen lassen, herausnehmen.

4 1 Bund Suppengrün putzen bzw. schälen, waschen und in feine Streifen schneiden. Fleisch aus der Brühe nehmen. Brühe durchsieben, aufkochen. Gemüsestreifen darin ca. 4 Minuten garen.

5 Meerrettich schälen und fein raspeln. Bouillon mit Salz, Pfeffer und Brühe abschmecken. Klößchen darin erhitzen. Fleisch in Scheiben schneiden. Alles anrichten, Meerrettich über das Fleisch streuen. Mit Petersilie garnieren.

ZUBEREITUNGSZEIT ca. 2½ Std.
PORTION ca. 370 kcal
47 g E • 5 g F • 31 g KH

Brühe verschlanken

Falls Ihnen die Brühe zu fett ist: Einfach „Fettaugen" mit der Kelle am Rand abschöpfen oder im kalten Zustand abheben.

Russische Soljanka

ZUTATEN FÜR 6 PERSONEN

- 750 g Rinderbrust
- 2 Lorbeerblätter
- 4 Wacholderbeeren
- 4 Gewürznelken
- Salz • Pfeffer
- 1 Bund Suppengrün
- 1 Weißkohl (ca. 750 g)
- 3 mittelgroße Zwiebeln
- 4 Gewürzgurken
- 1 EL Öl
- 2 EL Tomatenmark
- 2 leicht gehäufte EL Mehl
- 1 Bio-Zitrone
- 2 Bockwürstchen
- 200 g gekochter Schinken
- 100 g schwarze Oliven (mit Stein)

1 Fleisch waschen. Mit den Gewürzen in 2 l leicht gesalzenem Wasser aufkochen. Zugedeckt ca. 2 Stunden köcheln. Suppengrün putzen bzw. schälen, waschen und grob zerkleinern. Nach ca. 1 Stunde zum Fleisch geben. Schaum zwischendurch öfter abschöpfen.

2 Kohl putzen, waschen, halbieren und den Strunk entfernen. Kohl in Streifen schneiden. Zwiebeln schälen, halbieren, in Streifen schneiden. Gurken evtl. längs halbieren, in Scheiben schneiden.

3 Fleisch herausheben. Brühe durchsieben, gut 1 ½ l abmessen. Öl im großen Topf erhitzen, Zwiebeln darin andünsten. Tomatenmark und Mehl kurz mit anschwitzen. Brühe einrühren, Kohl und Gurken zufügen. Alles aufkochen und zugedeckt ca. 10 Minuten köcheln.

4 Zitrone heiß waschen. Zitrone und Wurst in Scheiben, Schinken und Fleisch in Würfel schneiden. Alles mit Oliven in die Suppe geben. Zugedeckt ca. 10 Minuten weitergaren. Mit Salz und Pfeffer abschmecken. Dazu schmeckt Bauernbrot.

ZUBEREITUNGSZEIT ca. 3 Std.
PORTION ca. 410 kcal
29 g E • 26 g F • 13 g KH

Currysuppe mit Brätklößchen

ZUTATEN FÜR 4 PERSONEN

- 150 g TK-grüne-Bohnen
- Salz • Pfeffer
- 1 mittelgroße Zwiebel
- 1 Knoblauchzehe
- 3–4 Kartoffeln (ca. 250 g)
- 1 Dose (212 ml) Maiskörner
- 2 EL Öl
- 2 ungebrühte Bratwürste
- 1–2 EL Curry
- 2 EL Hühnerbrühe (oder gut ¾ l frisch gekochte Hühnerbrühe, s. S. 185)
- 6–8 Kirschtomaten
- 1–2 EL Zitronensaft
- evtl. Bio-Zitronenschale zum Garnieren

1 Bohnen unaufgetaut in kochendes Salzwasser geben und ca. 7 Minuten garen. Abtropfen lassen.

2 Zwiebel und Knoblauch schälen, fein würfeln. Kartoffeln schälen, waschen und in Stücke schneiden. Mais abtropfen lassen. 1 EL Öl erhitzen. Brätmasse als kleine Klößchen direkt aus der Haut ins heiße Öl drücken und rundherum knusprig braten. Herausnehmen.

3 1 EL Öl im Bratfett erhitzen. Zwiebel, Knoblauch und Kartoffeln darin andünsten. Curry kurz anschwitzen. Gut ¾ l Wasser angießen, aufkochen und Brühe einrühren. Hälfte Mais zufügen, aufkochen und ca. 10 Minuten köcheln.

4 Tomaten waschen und halbieren. Suppe mit dem Stabmixer fein pürieren. Mit Salz, Pfeffer und Zitronensaft abschmecken. Bohnen, Rest Mais, Tomaten und Brätklößchen darin erhitzen. Mit Zitronenschale in feinen Streifen garnieren.

ZUBEREITUNGSZEIT ca. 35 Min.
PORTION ca. 250 kcal
9 g E · 19 g F · 10 g KH

Chinasuppe mit Bohnenkeimlingen

ZUTATEN FÜR 4 PERSONEN

- 1 große Hähnchenbrust (mit Haut und Knochen; ca. 600 g)
- 2 mittelgroße Zwiebeln
- 1 Möhre
- 150 g Knollensellerie
- 3 mittelgroße Tomaten
- 1 TL Pfefferkörner
- ½ kleiner Chinakohl (ca. 500 g)
- 1 rote Paprikaschote
- 1 Bund Lauchzwiebeln
- 250 g Mungo- oder Sojabohnenkeimlinge
- 2–3 EL Öl • Salz • Pfeffer
- 5–6 EL Sojasoße
- evtl. etwas Sambal Oelek

1 Fleisch waschen. Zwiebeln schälen und vierteln. Möhre und Sellerie schälen, waschen und in grobe Stücke schneiden. Tomaten waschen und würfeln. Alles mit Pfefferkörnern in gut 1 ½ l Wasser aufkochen. Zugedeckt bei schwacher Hitze ca. 45 Minuten köcheln.

2 Inzwischen Chinakohl, Paprika und Lauchzwiebeln putzen und waschen. Chinakohl und Paprika in Streifen, Lauchzwiebeln in Stücke schneiden. Keimlinge verlesen und abspülen.

3 1 EL Öl im großen Topf erhitzen. Kohl, Paprika und Lauchzwiebeln darin andünsten. Fleisch aus der Brühe heben und etwas abkühlen lassen. Brühe durch ein Sieb zum Gemüse gießen, aufkochen und 5–6 Minuten köcheln. Keimlinge ca. 2 Minuten mitgaren.

4 Fleisch von Haut und Knochen lösen. Evtl. in 1 EL heißem Öl goldbraun braten. Mit Salz und Pfeffer würzen. Suppe mit Salz, Pfeffer, Sojasoße und Sambal Oelek abschmecken. Fleisch aufschneiden und darin erhitzen.

ZUBEREITUNGSZEIT ca. 1 ¼ Std.
PORTION ca. 270 kcal
32 g E • 11 g F • 8 g KH

Extra-Tipp

Einige Hülsenfrüchte enthalten schädliche Stoffe, die beim Keimen nicht vollständig abgebaut werden. Sojabohnenkeimlinge daher lieber kurz erhitzen. Mungobohnen- und Linsenkeimlinge kann man roh essen.

Bohnen-Gulaschtopf

ZUTATEN FÜR 4 PERSONEN

- 1 kg Tomaten
- 1 Gemüsezwiebel
- 500 g Kartoffeln
- 600 g mageres gemischtes Gulasch
- 2 EL Öl (z.B. Olivenöl)
- Salz • Pfeffer • Zucker
- 2 EL Tomatenmark
- 1 TL getrockneter Thymian
- 400 g grüne Bohnen
- 3–4 Stiele Petersilie

1 Tomaten waschen und grob würfeln. Zwiebel schälen und in Spalten schneiden. Kartoffeln schälen, waschen und in Stücke schneiden. Fleisch trocken tupfen und evtl. etwas kleiner würfeln.

2 Öl im Schmortopf erhitzen. Fleisch darin portionsweise rundherum kräftig anbraten. Mit Salz und Pfeffer würzen. Zwiebel kurz mitbraten. Tomatenmark mit anschwitzen. Kartoffeln und Tomaten zugeben. Mit Salz, Pfeffer und Thymian würzen. Ca. 800 ml Wasser angießen und zugedeckt 1 ¼–1 ½ Stunden schmoren.

3 Bohnen putzen, waschen und in Stücke schneiden. In kochendem Salzwasser ca. 15 Minuten garen. Abgießen und unter das fertige Gulasch heben. Mit Salz, Pfeffer und 1 Prise Zucker abschmecken. Petersilie waschen, fein schneiden und darüberstreuen.

ZUBEREITUNGSZEIT ca. 2 Std.
PORTION ca. 370 kcal
39 g E • 10 g F • 28 g KH

Extra-Info

Bohnen garen durch die Säure in den Tomaten langsamer. Daher werden die Gemüse getrennt voneinander gekocht.

Riesling-Fleischtopf mit Kartoffelhaube

ZUTATEN FÜR 4 PERSONEN

- 750 g Schweineschulter (Schwarte und Knochen vom Fleischer entfernen lassen)
- 1 Schweinefilet (ca. 250 g)
- evtl. 2 Schweinefüße und 1 -schwänzchen (beim Fleischer zerkleinert vorbestellen)
- 1 großes Bund Suppengrün
- je 3 Stiele Petersilie und Thymian
- 3 Knoblauchzehen
- ½ l Weißwein (z. B. Riesling)
- Salz • Pfeffer
- 1 Lorbeerblatt
- gemahlener Koriander
- 1 kg festkochende Kartoffeln
- 2 Zwiebeln

1 Fleisch waschen und trocken tupfen. Schweineschulter und -filet grob würfeln. Suppengrün putzen bzw. schälen, waschen und klein schneiden.

2 Petersilie und Thymian waschen, fein hacken. Knoblauch schälen und durch eine Knoblauchpresse drücken. Alles mit Riesling, Salz, Pfeffer, Lorbeer und 1 Prise Koriander verrühren. Gesamtes Fleisch und Suppengrün damit mischen und zugedeckt im Kühlschrank ca. 24 Stunden marinieren.

3 Kartoffeln schälen, waschen und in Scheiben schneiden. Zwiebeln schälen und in feine Ringe schneiden. Fleisch abgießen, dabei die Marinade auffangen. Alles in einen großen Bräter schichten, dabei mit den Kartoffeln abschließen. Die Marinade darübergießen.

4 Zugedeckt im vorgeheizten Backofen (E-Herd: 200 °C/Umluft: 175 °C/Gas: s. Hersteller) ca. 2 Stunden schmoren. Mit Salz und Pfeffer abschmecken.
Getränk: Weißwein, z. B. Riesling.

ZUBEREITUNGSZEIT ca. 2 ¾ Std.
MARINIERZEIT ca. 24 Std.
PORTION ca. 660 kcal
60 g E • 19 g F • 38 g KH

Gulaschsuppe mit Crème-fraîche-Klößchen

ZUTATEN FÜR 6–8 PERSONEN

- evtl. 1 rote Chilischote
- 750 g Zwiebeln
- 2 Knoblauchzehen
- je 1 rote und grüne Paprika
- 100 g geräucherter durchwachsener Speck
- 1 kg gemischtes Gulasch
- 2–3 EL Öl
- Salz • Pfeffer
- 3 EL Tomatenmark
- 2 gehäufte EL Mehl
- 2 TL Edelsüß-Paprika
- 2 TL getrockneter Thymian
- ¼ l trockener Rotwein
- 150 g Crème fraîche
- 1 Packung Knödelpulver „halb & halb“ (für ¾ l; 12 Knödel)
- Muskat

1 Chili längs einritzen, entkernen, waschen und fein schneiden. Zwiebeln und Knoblauch schälen. Paprika putzen, waschen. Alles würfeln. Speck würfeln. Fleisch trocken tupfen und evtl. etwas kleiner würfeln.

2 Öl im großen Topf erhitzen. Fleisch darin portionsweise anbraten. Mit Salz und Pfeffer würzen, herausnehmen. Speck, Zwiebeln, Knoblauch, Paprika und Chili im Bratfett anbraten.

3 Tomatenmark und Mehl zufügen und anschwitzen. Fleisch wieder zugeben. Mit Edelsüß-Paprika und Thymian würzen. Mit 1 ½ l Wasser und Rotwein ablöschen. Aufkochen und zugedeckt 1 ¼–1 ½ Stunden schmoren.

4 600 ml (nicht ¾ l!) kaltes Wasser und Crème fraîche in eine Schüssel geben. Knödelpulver unterrühren. Mit Salz, Pfeffer und Muskat würzen und ca. 10 Minuten quellen lassen. Daraus mit angefeuchteten Händen walnussgroße Klößchen formen. In kochendes Salzwasser geben und bei schwacher Hitze ca. 10 Minuten gar ziehen lassen.

5 Klößchen herausheben und abtropfen lassen. Gulaschsuppe nochmals mit Salz und Pfeffer abschmecken. Mit den Crème-fraîche-Klößchen anrichten.

ZUBEREITUNGSZEIT ca. 1 ¾–2 Std.
PORTION ca. 520 kcal
E 32 g • F 23 g • KH 38 g

Scharfe Hühnersuppe mit Ingwer

ZUTATEN FÜR 4–6 PERSONEN

- 1 Hähnchen (ca. 1,3 kg)
- 1 Möhre
- 1 Zwiebel
- 1–2 kleine Chilischoten
- 1 TL Koriandersamen
- Salz • evtl. Pfeffer
- 500 g Brokkoli
- 1 Paprikaschote (z. B. gelb)
- 1 Bund Lauchzwiebeln
- 200–250 g Kirschtomaten
- 1 Dose (425 ml) Kidneybohnen
- 1 walnussgroßes Stück (ca. 20 g) Ingwer
- ½ Bund/Töpfchen Koriander oder Petersilie

1 Hähnchen waschen. Möhre schälen, waschen und grob schneiden. Zwiebel schälen und halbieren. Evtl. 1 Chilischote waschen. Alles mit Koriandersamen und 1 TL Salz in 2–2 ½ l Wasser aufkochen. Zugedeckt bei schwacher Hitze ca. 1 ¼ Stunden köcheln.

2 Gemüse putzen und waschen. Brokkoli in Röschen teilen. Paprika und Lauchzwiebeln klein schneiden. Tomaten evtl. halbieren. Bohnen abspülen und abtropfen lassen. Ingwer schälen und hacken. 1 Chili längs einritzen, entkernen, waschen und fein schneiden.

3 Hähnchen herausnehmen und etwas abkühlen lassen. Dann Fleisch von Haut und Knochen lösen und in mundgerechte Stücke schneiden.

4 Hühnerbrühe durchsieben. Gemüse, Ingwer und Chili darin 5–7 Minuten garen. Hähnchenfleisch und Bohnen zugeben, erhitzen. Koriander waschen und die Blättchen abzupfen. Suppe abschmecken und mit Koriander bestreuen.

ZUBEREITUNGSZEIT ca. 1 ¾ Std.
PORTION ca. 370 kcal
39 g E • 16 g F • 14 g KH

Extra-Tipps

- Die scharfen Stoffe in frischer Ingwerknolle wirken appetitanregend und entzündungshemmend.
- Falls etwas von der Suppe übrig bleibt oder Sie auf Vorrat kochen möchten: Sie hält sich eingefroren 4–6 Monate.

Schnelle Hochzeitssuppe

ZUTATEN FÜR 6–8 PERSONEN

- Salz • Pfeffer • Muskat
- 1 Zwiebel
- 2 Möhren
- 2 kleine Hähnchenbrüste (mit Haut und Knochen; ca. 800 g)
- 1 Lorbeerblatt
- 1 TL Pfefferkörner
- 200 g Langkornreis
- 100 g Rosinen
- 1 TL Öl
- 2 Eier
- 100 ml Milch
- 500 g grüner Spargel
- 1 Bund Lauchzwiebeln
- 450 g TK-Erbsen-und-Möhren
- 3 ungebrühte Bratwürste
- ½ Töpfchen Kerbel

1 2 l Salzwasser aufkochen. Zwiebel und Möhren schälen, waschen und grob zerkleinern. Fleisch waschen und mit den Gewürzzutaten zufügen. Alles ca. 45 Minuten köcheln.

2 Reis in gut 400 ml kochendes Salzwasser geben. Zugedeckt bei schwacher Hitze ca. 20 Minuten köcheln. Rosinen abspülen und kurz mitgaren.

3 Öl in einer mittelgroßen beschichteten Pfanne erhitzen. Eier und Milch verquirlen. Mit Salz, Pfeffer und Muskat würzen. In die Pfanne gießen, bei milder Hitze stocken lassen. Abkühlen lassen.

4 Inzwischen Spargel waschen und die Enden großzügig abschneiden. Spargel in Scheiben schneiden. Lauchzwiebeln putzen, waschen und fein schneiden.

5 Fleisch herausnehmen. Brühe durchsieben und aufkochen. Tiefgefrorenes Gemüse darin ca. 10 Minuten garen. Bratwurstmasse direkt aus der Haut als Klößchen in die Suppe drücken. Spargel und Lauchzwiebeln zufügen.

6 Fleisch vom Knochen lösen. Fleisch und Eierstich in Stückchen schneiden, zur Suppe geben. Kerbel waschen, abzupfen und die Blättchen darüberstreuen. Reis dazureichen.

ZUBEREITUNGSZEIT ca. 1 ¼ Std.
PORTION ca. 440 kcal
29 g E • 17 g F • 39 g KH

Fischsuppen vom Feinsten

Wie eine delikate Fischsuppe entsteht, muss kein Geheimnis bleiben: Wir verraten Ihnen unsere schönsten Rezepte

Rezept auf Seite 100

Krabben-Rahmsüppchen

ZUTATEN FÜR 6 PERSONEN

- 7–8 Walnusskernhälften
- ½ Bund Dill
- 2 EL Öl
- Salz • Pfeffer • Zucker
- 1 kleine Zwiebel
- evtl. 1 kleine Knoblauchzehe
- 2 Würfel (à 50 g) Krebssuppenpaste
- 1–2 EL Butter
- 1 gehäufter TL Mehl
- ¼ l trockener Weißwein
- 2–3 TL Gemüsebrühe (oder 1 l frisch gekochte Gemüsebrühe, s. S. 185)
- 100 g Schlagsahne
- 2–3 EL Aquavit oder Cognac
- 200 g Nordseekrabbenfleisch

1 Nüsse sehr fein hacken. Dill waschen, trocken tupfen und fein schneiden. Beides mit Öl verrühren. Mit Salz und Pfeffer würzen.

2 Zwiebel und Knoblauch schälen, fein würfeln. Suppenpaste und Butter erhitzen. Zwiebel und Knoblauch darin andünsten. Mehl kurz mit anschwitzen. Wein, 1 l Wasser und Brühe einrühren, aufkochen. Alles ca. 5 Minuten köcheln und mit Salz, Pfeffer und 1 Prise Zucker abschmecken.

3 Sahne halbsteif schlagen und Aquavit darunterrühren. Krabben abspülen und in der Suppe kurz erwärmen. Die Suppe mit Aquavitsahne und der Nuss-Dill-Mischung anrichten.

ZUBEREITUNGSZEIT ca. 45 Min.
PORTION ca. 300 kcal
8 g E • 21 g F • 10 g KH

Fischsuppe mit Tomaten und Fenchel

ZUTATEN FÜR 4 PERSONEN

- 2 Zwiebeln
- 4 Tomaten
- 2 kleine Fenchelknollen (ca. 400 g)
- 1 EL Öl
- 1 TL Tomatenmark
- 100 ml trockener Weißwein
- 2 EL Gemüsebrühe (oder 1 ¼ l frisch gekochte Gemüsebrühe, s. S. 185)
- 2 Lorbeerblätter
- 500 g festes Fischfilet (z. B. Lachs, Steinbeißer und/oder Seeteufel)
- 2 TL Zitronensaft
- Salz • Pfeffer
- 4–6 rohe geschälte Garnelen
- 100 g Zuckerschoten oder TK-Erbsen

1 Zwiebeln schälen und würfeln. Tomaten waschen und klein schneiden. Fenchel putzen, waschen (etwas Fenchelgrün beiseite legen) und klein schneiden.

2 Öl im Topf erhitzen. Zwiebeln darin andünsten. Tomatenmark einrühren und anschwitzen. Tomaten zufügen. Mit 1 ¼ l Wasser und Wein ablöschen. Aufkochen und die Brühe einrühren. Lorbeer und Fenchel zugeben und alles zugedeckt ca. 15 Minuten köcheln.

3 Fisch waschen und trocken tupfen. In Stücke schneiden und mit Zitrone beträufeln. Mit Salz und Pfeffer würzen und in der Brühe bei schwacher Hitze 6–8 Minuten pochieren.

4 Garnelen abspülen, evtl. den schwarzen Darm entfernen. Zuckerschoten putzen und waschen. Beides in den letzten 3–4 Minuten mitgaren. Fischsuppe abschmecken. Fenchelgrün fein hacken und darüberstreuen.

ZUBEREITUNGSZEIT ca. 40 Min.
PORTION ca. 330 kcal
32 g E • 15 g F • 9 g KH

Extra-Tipps

- Statt frischer Tomaten können Sie auch eine kleine Dose (425 ml) Tomaten verwenden. Lassen Sie den Saft vorher im Sieb abtropfen.
- Der Weißwein lässt sich prima durch die gleiche Menge Noilly Prat (französischer Weinaperitif) ersetzen.

Kartoffel-Sellerie-Suppe mit Lachs

ZUTATEN FÜR 4 PERSONEN

- 500 g mehligkochende Kartoffeln
- 250 g Knollensellerie
- 1 mittelgroße Zwiebel
- 2 EL Butter/Margarine
- Salz • weißer Pfeffer
- 100 g + 100 g Schlagsahne
- ca. 3 EL geriebener Meerrettich (Glas)
- 75–100 g geräucherter Lachs in dünnen Scheiben
- ½ Bund Schnittlauch

1 Kartoffeln und Sellerie schälen, waschen und in Würfel schneiden. Zwiebel schälen und fein würfeln.

2 Fett erhitzen. Zwiebel, Kartoffeln und Sellerie darin andünsten, mit Salz und Pfeffer würzen. Mit 1 l Wasser ablöschen. Aufkochen und zugedeckt ca. 25 Minuten garen. Gemüse in der Brühe pürieren. 100 g Sahne angießen und aufkochen. Suppe mit Salz, Pfeffer und ca. 2 EL Meerrettich kräftig abschmecken.

3 Lachs in feine Streifen schneiden. Schnittlauch waschen und in Röllchen schneiden. 100 g Sahne halbsteif schlagen und mit 1 EL Meerrettich verrühren. Suppe mit Meerrettichsahne und Lachsstreifen anrichten und die Schnittlauchröllchen darüberstreuen.

ZUBEREITUNGSZEIT ca. 1 Std.
PORTION ca. 330 kcal
8 g E • 24 g F • 19 g KH

Fischtopf mit Aioli

ZUTATEN FÜR 4 PERSONEN

- **4 Knoblauchzehen**
- **1 Chilischote**
- **2 Eigelb**
- **1 EL Zitronensaft**
- **Salz • Pfeffer**
- **200 ml + 5 EL Olivenöl**
- **2 Fleischtomaten**
- **1 Stange Porree (Lauch)**
- **3 Paprikaschoten**
- **1 Zwiebel**
- **ca. 5 Stiele Thymian**
- **300 g festkochende Kartoffeln**
- **300 g küchenfertige Garnelen**
- **500 g Fischfilet (z. B. Dorade, Seehecht und Zahnbrasse)**

1 Für das Aioli Knoblauch schälen. Chili längs einritzen, entkernen und waschen. Beides mit Eigelb, Zitronensaft und etwas Salz im Universalzerkleinerer fein hacken. 200 ml Öl erst tröpfchenweise, dann in dünnem Strahl unterrühren. Mit Salz abschmecken. Kalt stellen.

2 Tomaten kreuzweise einritzen, mit kochendem Wasser überbrühen, abschrecken und häuten. Tomaten vierteln, entkernen und grob würfeln.

3 Porree und Paprika putzen, waschen und klein schneiden. Zwiebel schälen und würfeln. Thymian waschen, trocken tupfen und hacken. Kartoffeln schälen, waschen und würfeln.

4 2 EL Öl im großen Topf erhitzen. Zwiebel darin andünsten. Tomaten und Thymian kurz mitdünsten. Porree, Paprika, Kartoffeln, 1 l Wasser und etwas Salz zufügen. Aufkochen und zugedeckt bei schwacher Hitze ca. 30 Minuten garen.

5 Garnelen am Rücken einschneiden, Darm entfernen. Garnelen und Fisch waschen, trocken tupfen. Fisch grob würfeln. Alles portionsweise in 3 EL heißem Öl 2–3 Minuten braten. Mit Salz und Pfeffer würzen. Fisch und Garnelen in die Suppe geben, alles abschmecken. Aioli dazureichen. Dazu passt Ciabatta.

ZUBEREITUNGSZEIT ca. 1 ¼ Std.
PORTION ca. 950 kcal
42 g E • 75 g F • 20 g KH

Einkaufs-Tipp

Am besten kaufen Sie für diese Suppe Fisch aus dem Mittelmeer. Neben Dorade, Seehecht und Zahnbrasse schmecken Rotbarbe, Rotbarsch, Knurrhahn und Meeräsche. Statt Garnelen können Sie auch Scampi (Kaisergranat) nehmen.

Kartoffelcreme mit Garnelen

ZUTATEN FÜR 4 PERSONEN

- 12 küchenfertige Garnelen (frisch oder TK)
- 1 mittelgroße Zwiebel
- 2–3 mittelgroße Kartoffeln (ca. 200 g)
- 350 g Knollensellerie
- 4–5 EL Butter/Margarine
- 3 TL Gemüsebrühe (oder gut ¾ l frisch gekochte Gemüsebrühe, s. S. 185)
- 2 Scheiben Toastbrot
- 1–2 TL Sesam
- Salz • Pfeffer
- 1 kleine Zucchini
- 100 g Schlagsahne
- 1–2 EL Zitronensaft

1 TK-Garnelen auftauen lassen. Zwiebel schälen und hacken. Kartoffeln und Sellerie schälen, waschen und in grobe Würfel schneiden.

2 Zwiebel in 1 EL heißem Fett andünsten. Kartoffel- und Selleriewürfel kurz mitdünsten. Gut ¾ l Wasser und Brühe einrühren. Alles zugedeckt 15–20 Minuten köcheln.

3 Toast würfeln und in 2 EL heißem Fett goldbraun braten. Mit Sesam bestreuen. Croûtons herausnehmen. Garnelen abspülen, trocken tupfen und evtl. am Rücken einschneiden, Darm entfernen.

4 Garnelen in 1–2 EL heißem Fett von beiden Seiten 2–3 Minuten braten. Mit Salz und Pfeffer würzen.

5 Zucchini putzen, waschen und in sehr feine Streifen schneiden oder hobeln. Suppe pürieren. Zucchini zufügen, Suppe aufkochen und ca. 1 Minute köcheln. Sahne einrühren. Mit Salz, Pfeffer und Zitronensaft abschmecken. Mit Garnelen und Croûtons anrichten.

ZUBEREITUNGSZEIT ca. 50 Min.
EVTL. AUFTAUZEIT ca. 1 Std.
PORTION ca. 300 kcal
15 g E • 19 g F • 15 g KH

Herzhafte Eintöpfe

Ideal zum Vorbereiten, Sattessen und Durchwärmen: Schon Oma und Muttern wussten, was der ganzen Familie schmeckt

Rezept auf Seite 112

Wirsing-Möhren-Topf

ZUTATEN FÜR 4 PERSONEN

- 1 kleiner Wirsing (ca. 800 g)
- 350 g Möhren
- 500 g Kartoffeln
- 2 mittelgroße Zwiebeln
- 2 EL Öl
- 2 EL Gemüsebrühe (oder 1 ½ l frisch gekochte Gemüsebrühe, s. S. 185)
- ½ Bund Petersilie (z. B. glatte)
- 3 EL Kürbiskerne
- Salz • Pfeffer
- evtl. gemahlener Kümmel

1 Wirsing putzen, waschen, halbieren und den Strunk entfernen. Kohl in grobe Streifen schneiden. Möhren und Kartoffeln schälen, waschen und klein schneiden. Zwiebeln schälen und in Ringe schneiden.

2 Öl in einem großen Topf erhitzen. Zwiebeln, Möhren und Wirsing darin andünsten. Kartoffeln zufügen. Mit 1 ½ l Wasser ablöschen. Aufkochen, Brühe einrühren und zugedeckt ca. 15 Minuten köcheln.

3 Petersilie waschen und etwas zum Garnieren beiseite legen. Vom Rest die Blättchen abzupfen. Kürbiskerne in einer Pfanne rösten. Wirsingtopf mit Salz, Pfeffer und Kümmel abschmecken. Anrichten und mit Kürbiskernen und Petersilie bestreuen. Mit übriger Petersilie garnieren.

ZUBEREITUNGSZEIT ca. 40 Min.
PORTION ca. 270 kcal
12 g E • 13 g F • 25 g KH

Krautcassoulet mit Kartoffelcroûtons

ZUTATEN FÜR 4 PERSONEN

- 400 g festkochende Kartoffeln
- 2 Zwiebeln
- 400 g ausgelöster Kasselernacken
- 200 g Hähnchenfilet
- 75 g geräucherter durchwachsener Speck
- 1 Dose (425 ml) weiße Bohnenkerne
- 1 Dose (850 ml) Sauerkraut
- 1 Lorbeerblatt
- 3 Wacholderbeeren
- 2–3 Gewürznelken
- Pfeffer • Zucker • Salz
- 100 g Schlagsahne
- 1–2 EL Butter
- 1 Scheibe Weiß- oder Toastbrot
- evtl. Petersilie zum Garnieren

1 Kartoffeln waschen und zugedeckt ca. 20 Minuten kochen. Abschrecken, schälen und abkühlen lassen.

2 Zwiebeln schälen. Fleisch waschen, trocken tupfen. Zwiebeln und Speck fein, Fleisch grob würfeln. Speck im Bräter knusprig braten. Zwiebeln und Fleisch kurz mitbraten.

3 Bohnen abspülen und abtropfen lassen. Mit Sauerkraut unter das Fleisch mischen. Mit Lorbeer, Wacholder, Nelken, Pfeffer und 1 Prise Zucker würzen. Sahne und gut ⅛ l Wasser angießen. Alles zugedeckt im vorgeheizten Backofen (E-Herd: 200 °C/Umluft: 175 °C/Gas: s. Hersteller) ca. 1 Stunde schmoren.

4 Kartoffeln würfeln und in der heißen Butter rundherum knusprig braten. Mit Salz und Pfeffer würzen. Brot fein zerbröseln und kurz mitrösten. Beides nach ca. 45 Minuten auf dem Cassoulet verteilen und offen zu Ende garen. Mit Petersilie garnieren.

ZUBEREITUNGSZEIT ca. 1 ½ Std.
PORTION ca. 610 kcal
44 g E • 32 g F • 33 g KH

Grünkohltopf mit Wurst

ZUTATEN FÜR 4 PERSONEN

- **1 Beutel (1 kg) geputzter Grünkohl**
- **Salz • Pfeffer**
- **3 mittelgroße Zwiebeln**
- **2 EL Butterschmalz oder Öl**
- **4–5 TL Gemüsebrühe (oder 1 ½ l frisch gekochte Gemüsebrühe, s. S. 185)**
- **5–6 Kartoffeln (ca. 400 g)**
- **2 große Möhren (ca. 200 g)**
- **4 Krakauer Würste oder Mettenden (ca. 400 g)**
- **1 EL Senfkörner oder 2 TL Senf**

1 Grünkohl verlesen und dicke Blattrippen entfernen. Gründlich waschen. In reichlich kochendem Salzwasser portionsweise ca. 3 Minuten dünsten. Abtropfen lassen und grob hacken.

2 Zwiebeln schälen, klein schneiden. Im heißen Butterschmalz anbraten. Grünkohl zugeben und ca. 1 ½ l Wasser zugießen. Aufkochen, Brühe einrühren. Zugedeckt ca. 1 ½ Stunden kochen.

3 Kartoffeln und Möhren schälen, waschen und klein schneiden. Beides mit Wurst und Senfkörnern ca. 30 Minuten vor Ende der Garzeit zum Grünkohl geben und mitgaren. Evtl. Wurst herausnehmen, in Scheiben schneiden und wieder zum Grünkohl geben. Mit Salz und Pfeffer abschmecken.

ZUBEREITUNGSZEIT ca. 2 Std.
PORTION ca. 480 kcal
30 g E • 28 g F • 23 g KH

Extra-Tipp

Falls Sie den Grünkohl gern sämig mögen, können Sie ihn mit 1–2 EL Haferflocken oder 1 rohen geriebenen Kartoffel binden. Ca. 10 Minuten mitgaren.

Blumenkohleintopf mit Brätklößchen

ZUTATEN FÜR 4 PERSONEN

- 500 g Kartoffeln
- 1,2–1,5 kg Blumenkohl (z. B. weiß und grün)
- 3–4 Möhren (ca. 350 g)
- 1–2 EL Öl
- 3 feine ungebrühte Kalbsbratwürste (ca. 300 g)
- 1–2 EL Gemüsebrühe (oder 1 ½ l frisch gekochte Gemüsebrühe, s. S. 185)
- ½ Bund Petersilie
- Salz • Pfeffer

1 Kartoffeln schälen, waschen und in Stücke schneiden. Blumenkohl putzen, waschen und in kleine Röschen teilen. Möhren schälen, waschen und in Scheiben schneiden.

2 Öl in einem großen Topf erhitzen. Wurstmasse als Klößchen direkt ins heiße Öl drücken. Rundherum ca. 5 Minuten goldbraun braten. Herausnehmen. Kartoffeln im Bratfett unter Wenden andünsten. Mit 1 ½ l Wasser ablöschen. Aufkochen, Brühe einrühren und zugedeckt ca. 20 Minuten köcheln. Blumenkohl und Möhren nach 8–10 Minuten zugeben und mitgaren.

3 Petersilie waschen und grob hacken. Klößchen im Eintopf erhitzen. Mit Salz und Pfeffer abschmecken und mit der Petersilie bestreuen.

ZUBEREITUNGSZEIT ca. 50 Min.
PORTION ca. 380 kcal
16 g E • 23 g F • 24 g KH

Steckrübentopf mit Kochwurstchips

ZUTATEN FÜR 4 PERSONEN

- 1 mittelgroße Zwiebel
- 1 kleine Steckrübe (ca. 1 kg)
- 2 mittelgroße Möhren
- 800 g Kartoffeln (z. B. mehligkochende)
- 2 Mettenden (à ca. 75 g)
- 1 EL Butterschmalz oder Öl
- 2 gestrichene EL Gemüsebrühe (oder 1 ½–1 ¾ l frisch gekochte Gemüsebrühe, s. S. 185)
- 1 Stange Porree (Lauch)
- evtl. 4 Stiele Liebstöckel
- ½ Bund Petersilie
- Salz • Pfeffer

1 Zwiebel schälen und fein würfeln. Steckrübe, Möhren und Kartoffeln schälen, waschen und in gleich große Würfel schneiden.

2 Mettenden in sehr dünne schräge Scheiben schneiden. Butterschmalz in einem großen Topf erhitzen. Mettenden darin unter Wenden knusprig braten und herausnehmen.

3 Zwiebel, Steckrübe, Möhren und Kartoffeln im heißen Bratfett andünsten. 1 ½–1 ¾ l Wasser angießen, aufkochen und Brühe einrühren. Ca. 20 Minuten köcheln lassen.

4 Inzwischen Porree putzen, waschen und in feine Ringe schneiden. Kräuter waschen, trocken schütteln und getrennt fein hacken. Porree und Liebstöckel zum Eintopf geben, ca. 10 Minuten weitergaren. Mit Salz und Pfeffer abschmecken. Eintopf mit den Wurstchips anrichten und mit Petersilie bestreuen.

ZUBEREITUNGSZEIT ca. 1 Std.
PORTION ca. 310 kcal
15 g E • 11 g F • 36 g KH

Spitzkohleintopf mit Würstchen

ZUTATEN FÜR 4 PERSONEN

- 1 mittelgroße Zwiebel
- 200 g Möhren
- 500 g Kartoffeln
- 2 EL Butter/Margarine
- 2 EL Gemüsebrühe (oder 1 ¼–1 ½ l frisch gekochte Gemüsebrühe, s. S. 185)
- 1 kleiner Blumenkohl (ca. 750 g)
- 1 Spitzkohl (ca. 600 g)
- 150 g TK-Erbsen
- 4 Wiener Würstchen (à ca. 100 g)
- Salz • Pfeffer
- evtl. einige Spritzer Worcestersoße
- ½ Bund Petersilie

1 Zwiebel schälen und fein hacken. Möhren schälen, waschen und in Scheiben schneiden. Kartoffeln schälen, waschen und grob würfeln.

2 Fett in einem großen Topf erhitzen. Zwiebel darin glasig dünsten. Möhren und Kartoffeln zugeben und kurz mit andünsten. Mit 1 ¼ –1 ½ l Wasser ablöschen, aufkochen und Brühe darin auflösen. Zugedeckt ca. 10 Minuten garen.

3 Inzwischen Blumenkohl putzen, waschen und in Röschen teilen. Spitzkohl putzen, waschen, vierteln und den Strunk herausschneiden. Kohl in Streifen schneiden. Gesamten Kohl zugeben und ca. 5 Minuten weitergaren. Erbsen unaufgetaut zufügen und ca. 5 Minuten zu Ende garen.

4 Würstchen in Scheiben schneiden und im Eintopf erhitzen. Eintopf mit Salz, Pfeffer und einigen Spritzern Worcestersoße abschmecken. Petersilie waschen, hacken und darüberstreuen.

ZUBEREITUNGSZEIT ca. 50 Min.
PORTION ca. 440 kcal
20 g E • 28 g F • 27 g KH

Kartoffeltopf mit Würstchen

ZUTATEN FÜR CA. 4 PERSONEN

- 600 g Möhren
- 1 kg Kartoffeln (z. B. vorwiegend festkochend)
- 500 g Porree (Lauch)
- 2 EL Öl
- 3 EL Gemüsebrühe (oder 1 ½ l frisch gekochte Gemüsebrühe, s. S. 185)
- 4 Wiener Würstchen
- Salz • Pfeffer
- ½ Bund Petersilie

1 Möhren und Kartoffeln schälen, Porree putzen und alles waschen. Möhren in Scheiben und Porree in Ringe schneiden. Kartoffeln grob würfeln.

2 Öl in einem großen Topf erhitzen. Gemüse und Kartoffeln darin ca. 3 Minuten anbraten. Mit 1 ½ l Wasser ablöschen, Brühe einrühren und aufkochen. Zugedeckt ca. 20 Minuten garen.

3 Würstchen in Scheiben schneiden. In den Eintopf geben und darin ca. 5 Minuten erhitzen. Kartoffeltopf mit Salz und Pfeffer abschmecken, anrichten. Petersilie waschen, hacken und darüberstreuen.

ZUBEREITUNGSZEIT ca. 40 Min.
PORTION ca. 420 kcal
16 g E • 28 g F • 38 g KH

Extra-Tipps

- Eine kalorienarme Alternative zu Würstchen aus Schweinefleisch sind Geflügelwürstchen. Außer beim Geflügelhändler gibt's sie auch im Supermarkt lose an der Wursttheke und im Glas.
- Reichern Sie den Eintopf zum Schluss doch mal mit einer roh geraspelten Möhre an. Das gibt Biss, schmeckt gut und liefert zusätzliche Vitamine.

Gemüse-Gersten-Suppe

ZUTATEN FÜR 4 PERSONEN

- 15 g getrocknete Steinpilze
- 2 mittelgroße Zwiebeln
- 2 EL Butter/Margarine
- 125 g Perlgraupen (Gerstengrütze)
- 3 TL Gemüsebrühe (oder 1 ¼ l frisch gekochte Gemüsebrühe, s. S. 185)
- 3 Möhren (ca. 250 g)
- 1 Stange Porree (ca. 200 g; Lauch)
- 250 g Staudensellerie
- ½ Bund/Töpfchen frischer oder ½ TL getrockneter Thymian
- Worcestersoße
- Salz • Pfeffer

1 Steinpilze mit kaltem Wasser abspülen und in ¼ l lauwarmem Wasser ca. 15 Minuten einweichen.

2 Zwiebeln schälen, fein würfeln. Fett in einem Topf erhitzen. Zwiebelwürfel darin glasig dünsten. Graupen zufügen und kurz andünsten. Mit 1 ¼ l Wasser ablöschen. Die Steinpilze mitsamt Einweichwasser zugießen. Alles aufkochen und Brühe hineingeben. Alles zugedeckt ca. 30 Minuten kochen.

3 Gemüse schälen bzw. putzen, waschen und in dünne Scheiben schneiden. Thymian waschen, Blättchen abzupfen. Gemüse und Thymian 15 Minuten vor Ende der Garzeit zur Suppe geben. Suppe mit Worcestersoße, Salz und Pfeffer kräftig abschmecken.

ZUBEREITUNGSZEIT ca. 45 Min.
PORTION ca. 230 kcal
7 g E • 6 g F • 33 g KH

Extra-Info

Perlgraupen bestehen aus geschälten, grob geschnittenen Gerstenkörnern, die leicht kugelig geschliffen wurden. Sie sind gesund und leicht verdaulich. Aus Gerstengrütze lassen sich sättigende Eintöpfe und rustikale Suppen zubereiten. Auch kann man daraus einen süßen oder herzhaften Getreidebrei zaubern.

Rotkohltopf mit Kasseler

ZUTATEN FÜR 4 PERSONEN

- 500 g Kasselernacken (mit Knochen)
- 1 mittelgroßer Rotkohl (ca. 1 kg)
- 1 Zwiebel
- 1 EL Butterschmalz oder Öl
- 1–2 Lorbeerblätter
- 3 Wacholderbeeren
- 2 Gewürznelken
- ca. 1 EL Essig
- 1 Bund Suppengrün
- 400 g Kartoffeln
- Salz • Pfeffer • Zucker
- 4 EL Schmand oder saure Sahne
- 1 EL Preiselbeeren (Glas)

1 Fleisch waschen. Kohl putzen, vierteln, waschen und den Strunk entfernen. Kohl in Streifen schneiden. Zwiebel schälen und würfeln.

2 Zwiebel und Kohl im heißen Butterschmalz andünsten. Gewürze, Essig und Fleisch zufügen. Mit gut 1 l Wasser auffüllen, sodass das Fleisch bedeckt ist. Zugedeckt ca. 45 Minuten köcheln.

3 Inzwischen Suppengrün putzen, waschen und klein schneiden. Kartoffeln schälen, waschen und würfeln. Alles nach ca. 20 Minuten zum Kohl geben und zu Ende garen.

4 Kasseler herausnehmen, vom Knochen lösen, würfeln und wieder zum Kohl geben. Mit Salz, Pfeffer, Zucker und evtl. Essig abschmecken. Mit Schmand und Preiselbeeren servieren.

ZUBEREITUNGSZEIT ca. 1 Std.
PORTION ca. 360 kcal
27 g E • 15 g F • 26 g KH

Gemüsetopf mit Petersilienpesto

ZUTATEN FÜR 4 PERSONEN

- 400 g Kasselerkotelett (Stück; mit Knochen)
- 4–6 Stiele frischer oder ½ TL getrockneter Thymian
- 1 Tomate
- 1 Zwiebel
- 1 Lorbeerblatt
- 1–2 Bund Suppengrün (ca. 1 kg)
- 3 EL Haselnusskerne
- 1–2 Bund glatte Petersilie
- 10–12 EL Olivenöl
- Salz • Pfeffer

1 Kasseler waschen. Thymian waschen, abzupfen. Tomate waschen, Zwiebel schälen. Beides klein schneiden. Alles mit Lorbeer und 1 ½ l Wasser in einen großen Topf geben. Aufkochen und zugedeckt ca. 45 Minuten köcheln.

2 Suppengrün schälen bzw. putzen und waschen. Möhren und evtl. Petersilienwurzel in Scheiben, Porree in Ringe schneiden. Sellerie würfeln. Das Suppengrün nach ca. 30 Minuten zum Kasseler geben und mitgaren.

3 Haselnüsse in einer Pfanne ohne Fett rösten, herausnehmen und auskühlen lassen. Petersilie waschen und die Blättchen abzupfen. Nüsse und Petersilie pürieren, dabei nach und nach Öl zufügen. Pesto mit Salz und Pfeffer abschmecken.

4 Kasseler herausheben. Fleisch vom Knochen lösen, würfeln und zurück in den Topf geben. Eintopf mit Salz und Pfeffer abschmecken. Pesto dazureichen.

ZUBEREITUNGSZEIT ca. 1 ¼ Std.
PORTION ca. 470 kcal
21 g E • 36 g F • 11 g KH

Erbseneintopf mit Würstchen

ZUTATEN FÜR 4 PERSONEN

- 500 g Kasselerrippen
- 1 Zwiebel
- 1 EL Pfefferkörner
- 1 Lorbeerblatt
- 250 g gelbe Schälerbsen
- 3 Kartoffeln (250 g)
- 2 große Möhren (200 g)
- 2 Petersilienwurzeln oder Pastinaken
- 1 Stange Porree (Lauch)
- 1 TL getrockneter Majoran
- Salz • Pfeffer
- 4 Würstchen (z. B. Wiener Würstchen oder Bockwurst)

1 Kasseler waschen. Zwiebel schälen und grob würfeln. Beides mit Gewürzzutaten (s. Tipp) und ca. 2 l Wasser in einem großen Topf aufkochen. Zugedeckt ca. 1 Stunde köcheln. Brühe dabei öfter abschäumen. Gewürze entfernen.

2 Inzwischen Erbsen abspülen und abtropfen lassen. Kartoffeln, Möhren, Petersilienwurzeln und Porree schälen bzw. putzen und waschen. Alles in kleine Stücke schneiden.

3 Erbsen und Majoran in die Brühe geben. Erneut aufkochen und zugedeckt ca. 1 ¼ Stunden garen. Ab und zu umrühren. Ca. 30 Minuten vor Ende vorbereitetes Gemüse und Kartoffeln zugeben und mitgaren.

4 Suppe mit Salz und Pfeffer abschmecken. Fleisch vom Knochen und in Stücke schneiden und wieder in die Suppe geben. Würstchen darin ca. 5 Minuten erhitzen. Dazu passt Bauernbrot.

ZUBEREITUNGSZEIT ca. 2 ¾ Std.
PORTION ca. 810 kcal
43 g E • 51 g F • 40 g KH

Extra-Tipp

Damit Sie Pfefferkörner und Lorbeer nach dem Kochen gut aus der Brühe entfernen können, geben Sie die Gewürze in ein Teeei oder in einen Teefilter aus Papier.

Köstliche Cremesuppen

Die solide Basis für diese Gaumen- und Magenschmeichler bilden Gemüse, Kartoffeln und sahnige Milchprodukte

Rezept auf Seite 120

Feine Sellerie-Kartoffelsuppe

ZUTATEN FÜR 4 PERSONEN

- 1 mittelgroße Zwiebel
- 2 große Kartoffeln (250 g)
- 750 g Knollensellerie
- 1 EL Öl
- 2 EL Gemüsebrühe (oder 1 l frisch gekochte Gemüsebrühe, s. S. 185)
- 2 Scheiben Toastbrot
- 1–2 EL Butter
- ½ Bund Petersilie
- Salz • Pfeffer
- 4–6 EL Crème fraîche

1 Zwiebel schälen und fein hacken. Kartoffeln und Sellerie schälen, waschen und würfeln.

2 Öl in einem Topf erhitzen. Zwiebel darin glasig dünsten. Kartoffeln und Sellerie zufügen und kurz mitdünsten. 1 l Wasser zugießen und Brühe einrühren. Alles aufkochen und zugedeckt ca. 25 Minuten garen.

3 Toast in Rauten oder Würfel schneiden. In heißer Butter rundherum goldbraun rösten. Petersilie waschen und etwas zum Garnieren beiseite legen, Rest fein hacken. Hälfte Petersilie auf das Brot streuen. Mit Salz und Pfeffer würzen.

4 Evtl. 2–3 EL Gemüsewürfel aus der Brühe nehmen und kleiner würfeln. Restliches Gemüse in der Brühe fein pürieren. 2 EL Crème fraîche einrühren. Suppe mit Salz und Pfeffer abschmecken. Gemüsewürfel wieder zufügen.

5 Suppe mit Croûtons und je 1 Klecks Crème fraîche anrichten. Mit Petersilie bestreuen und garnieren.

ZUBEREITUNGSZEIT ca. 40 Min.
PORTION ca. 200 kcal
5 g E • 10 g F • 20 g KH

Paprikacremesuppe mit Pesto

ZUTATEN FÜR 4 PERSONEN

- 1 kg gelbe und rote Paprikaschoten (ca. 6 Stück)
- 2 mittelgroße Zwiebeln
- 1 Knoblauchzehe
- 3–4 Stiele frischer oder 1 TL getrockneter Oregano
- 3–4 EL Olivenöl
- 2–3 TL Gemüsebrühe (oder gut 600 ml frisch gekochte Gemüsebrühe, s. S. 185)
- 2 EL paprikagefüllte Oliven
- Salz • Cayennepfeffer
- 1–2 EL Balsamico-Essig
- 4 TL grünes Pesto (Glas)
- evtl. Oregano zum Garnieren

1 Paprika putzen, waschen und in grobe Würfel schneiden. Zwiebeln und Knoblauch schälen und fein würfeln. Oregano waschen, Blättchen abzupfen.

2 Öl in einem Topf erhitzen. Zwiebeln und Knoblauch darin glasig dünsten. Paprika und Oregano zufügen, kurz mitdünsten. Mit gut 600 ml Wasser ablöschen, aufkochen und Brühe einrühren. Alles zugedeckt 20–25 Minuten köcheln.

3 Oliven in Ringe schneiden. Paprika in der Brühe mit dem Stabmixer fein pürieren. Mit Salz, Cayennepfeffer und Essig abschmecken.

4 Suppe in Schälchen anrichten. Jeweils 1 TL Pesto und die Olivenringe darauf verteilen. Mit Oregano garnieren.

ZUBEREITUNGSZEIT ca. 50 Min.
PORTION ca. 170 kcal
3 g E • 13 g F • 8 g KH

Extra-Tipp

Zur Paprikacremesuppe schmecken Knoblauchcroûtons. Dafür 2–3 Scheiben Toastbrot würfeln und in 2 EL Fett knusprig braten. Dann eine durchgepresste Knoblauchzehe zufügen und kurz mitbraten. Mit Salz und Pfeffer würzen.

Bärlauchsuppe mit pochiertem Ei

ZUTATEN FÜR 4 PERSONEN

- 1 EL Mandelblättchen
- 1 mittelgroße Zwiebel
- 2 Bund (ca. 100 g) Bärlauch
- 1 EL Butter/Margarine
- 2 leicht gehäufte EL Mehl
- 3–4 TL Gemüsebrühe (oder ca. 1 l frisch gekochte Gemüsebrühe, s. S. 185)
- 2 EL Weißweinessig
- Salz • Pfeffer
- 4 frische Eier
- 4 EL Crème légère
- 1 TL Zitronensaft
- Zucker

1 Mandeln in einer Pfanne ohne Fett rösten, herausnehmen. Zwiebel schälen und fein würfeln. Bärlauch verlesen, waschen und in Streifen schneiden.

2 Fett im Topf erhitzen. Zwiebel darin glasig dünsten. Mit Mehl bestäuben und goldgelb anschwitzen. Knapp 1 l Wasser und Brühe einrühren. Aufkochen und ca. 10 Minuten köcheln.

3 1 l Wasser, Essig und 1 EL Salz im weiten Topf aufkochen. Eier einzeln in eine Tasse oder Suppenkelle schlagen und jeweils ins Essigwasser gleiten lassen. Bei schwacher Hitze ca. 4 Minuten gar ziehen lassen.

4 1 EL Bärlauch zum Bestreuen beiseite legen, Rest mit Crème légère in die Suppe geben und kurz pürieren. Mit Salz, Pfeffer, Zitronensaft und 1 Prise Zucker abschmecken.

5 Eier mit der Schaumkelle herausheben, etwas abtropfen lassen. Suppe anrichten, Eier hineingeben. Mandeln und Rest Bärlauch darüberstreuen.

ZUBEREITUNGSZEIT ca. 30 Min.
PORTION ca. 220 kcal
10 g E • 15 g F • 10 g KH

Extra-Tipp

Bärlauch verliert beim Garen rasch sein Aroma. Deshalb immer erst zum Schluss zugeben und nur ganz kurz erhitzen.

Feine Pilzcremesuppe

ZUTATEN FÜR 4 PERSONEN

- 1 mittelgroße Zwiebel
- 250 g Champignons
- 150–200 g Pfifferlinge
- 2 EL Öl
- Salz • Pfeffer
- 1 leicht gehäufter EL Mehl
- 2 TL klare Brühe (oder gut ¾ l frisch gekochte Rinderbrühe, s. S. 185)
- 4–5 Stiele Petersilie
- 150 g Schlagsahne

1 Zwiebel schälen und hacken. Gesamte Pilze putzen, waschen und abtropfen bzw. abreiben. 4 Pilze halbieren oder in Scheiben schneiden, Rest fein hacken.

2 Pilzhälften oder -scheiben in einem Topf in 1 EL heißem Öl 2–3 Minuten braten. Mit Salz und Pfeffer würzen. Herausnehmen.

3 1 EL Öl im Bratfett erhitzen. Zwiebel und gehackte Pilze darin so lange braten, bis die gesamte Flüssigkeit verdampft ist. Mit Salz und Pfeffer würzen. Mehl darüberstäuben, kurz anschwitzen. Gut ¾ l Wasser und Brühe einrühren, aufkochen. Ca. 10 Minuten köcheln.

4 Petersilie waschen und etwas zum Garnieren beiseite legen, Rest hacken. Suppe mit Sahne und Petersilie verfeinern, abschmecken. Mit den gebratenen Pilzen und Petersilie garnieren.

ZUBEREITUNGSZEIT ca. 30 Min.
PORTION ca. 200 kcal
4 g E • 17 g F • 6 g KH

Brokkoli-Käsesuppe

ZUTATEN FÜR 4 PERSONEN

- 1 mittelgroße Zwiebel
- 500 g Brokkoli
- 1 EL Butter/Margarine
- 2–3 TL Gemüsebrühe (oder ¾ l frisch gekochte Gemüsebrühe, s. S. 185)
- 150 g Schlagsahne
- 125 g Raclettekäse
- Salz • Pfeffer • Muskat
- 4 dünne Scheiben Frühstücksspeck (Bacon)

1 Zwiebel schälen und fein würfeln. Brokkoli putzen, waschen und in Röschen teilen. Brokkolistiele schälen und in Scheiben schneiden.

2 Fett in einem Topf erhitzen. Zwiebel darin andünsten. Brokkoli zufügen und kurz mitdünsten. Mit ¾ l Wasser ablöschen und aufkochen. Brühe darin auflösen. Zugedeckt bei schwacher Hitze 10–12 Minuten garen.

3 Evtl. ein paar Brokkoliröschen mit einer Schaumkelle aus der Suppe nehmen. Suppe mit einem Stabmixer fein pürieren. Sahne unterrühren.

4 Käse reiben und, bis auf etwas zum Bestreuen, unter Rühren in der Suppe schmelzen. Mit Salz, Pfeffer und Muskat abschmecken. Brokkoliröschen wieder darin erhitzen.

5 Frühstücksspeck in einer Pfanne ohne Fett knusprig braten und fein zerbröckeln. Brokkoli-Käsesuppe in tiefen Tellern anrichten. Mit Speckstückchen und restlichem Käse bestreuen.

ZUBEREITUNGSZEIT ca. 30 Min.
PORTION ca. 370 kcal
16 g E • 31 g F • 4 g KH

Mexikanische Maiscremesuppe

ZUTATEN FÜR 4 PERSONEN

- 1 kleine Stange Porree (Lauch)
- 2 frische Maiskolben oder 1 Dose (425 ml) Maiskörner
- 40 g geräucherter durchwachsener Speck
- 1–2 EL Öl
- 50 g rote Linsen
- 3 TL Gemüsebrühe (oder gut ¾ l frisch gekochte Gemüsebrühe, s. S. 185)
- 100 g Schlagsahne
- Salz • Pfeffer
- einige Spritzer Tabasco
- 1–2 TL Weißweinessig
- evtl. Petersilie zum Garnieren

1 Porree putzen, waschen und in feine Ringe schneiden. Maiskolben waschen und die Körner abschneiden. Speck in feine Streifen schneiden.

2 Öl in einem Topf erhitzen. Speck darin knusprig braten. Herausnehmen. Porree im heißen Speckfett andünsten, Hälfte herausnehmen. Linsen abspülen und zufügen. Gut ¾ l Wasser und Brühe einrühren, aufkochen. Maiskörner zufügen, zugedeckt ca. 25 Minuten köcheln.

3 2 EL Mais herausheben. Suppe mit dem Schneidstab fein pürieren und evtl. durch ein feines Sieb streichen. Sahne einrühren. Mit Salz, Pfeffer, Tabasco und Essig pikant abschmecken. Suppe mit Speck und Resten Porree und Mais anrichten. Mit Petersilie garnieren.

ZUBEREITUNGSZEIT ca. 1 Std.
PORTION ca. 280 kcal
7 g E • 18 g F • 21 g KH

Extra-Tipp

Falls Sie für die kleine Menge nicht extra rote Linsen kaufen möchten: Stattdessen vorm Zugießen des Wassers 2 EL Mehl über den Porree stäuben und anschwitzen.

Wirsing-Rahmsüppchen mit Lachs

ZUTATEN FÜR 4 PERSONEN

- 1 Zwiebel
- 500 g Wirsing
- 1–2 EL Butter/Margarine
- 1 gehäufter EL Mehl
- 3–4 TL Gemüsebrühe (oder 1 l frisch gekochte Gemüsebrühe, s. S. 185)
- 75–100 g geräucherter Lachs in Scheiben
- 200 g Frischkäse mit Meerrettich
- Salz • Pfeffer
- evtl. Meerrettichspäne zum Garnieren

1 Zwiebel schälen, fein würfeln. Wirsing putzen, waschen und in feine Streifen schneiden. Fett im großen Topf erhitzen. Zwiebel darin andünsten. Wirsing kurz mitdünsten. Mit Mehl bestäuben und kurz anschwitzen. 1 l Wasser und Brühe einrühren. Aufkochen und zugedeckt ca. 15 Minuten köcheln.

2 Räucherlachs in Streifen schneiden. Ca. ⅓ Wirsing herausheben. Rest Wirsing in der Suppe fein pürieren, aufkochen. Frischkäse in Flöckchen einrühren. Suppe mit Salz und Pfeffer abschmecken. Wirsingstreifen darin erhitzen. Suppe mit Lachs anrichten und garnieren. Dazu schmeckt geröstetes Toastbrot.

ZUBEREITUNGSZEIT ca. 40 Min.
PORTION ca. 240 kcal
10 g E • 17 g F • 10 g KH

Feine Erbsen-Basilikum-Creme

ZUTATEN FÜR 4 PERSONEN

- 2 kg frische Erbsen oder 600 g TK-Erbsen
- 1 Zwiebel
- evtl. 1 Knoblauchzehe
- 2 EL Butter/Margarine
- 4 TL Gemüsebrühe (oder 1 l frisch gekochte Gemüsebrühe, s. S. 185)
- 1 Baguettebrötchen
- 40 g Schinkenwürfel
- 150–200 g Schlagsahne
- 1 Bund/Töpfchen Basilikum
- Salz • Pfeffer • Muskat

1 Erbsen enthülsen und waschen. Zwiebel und Knoblauch schälen, fein würfeln. Zwiebel und Knoblauch in 1 EL heißem Fett andünsten. Erbsen zugeben und kurz andünsten. Mit 1 l Wasser ablöschen und aufkochen. Brühe einrühren und alles zugedeckt 12–15 Minuten köcheln.

2 Brötchen in ca. 12 sehr dünne Scheiben schneiden. Schinken in einer beschichteten Pfanne ohne zusätzliches Fett kurz anbraten, herausnehmen. 1 EL Fett in der Pfanne erhitzen. Brotscheiben darin goldbraun rösten. Die Hälfte Sahne halbsteif schlagen.

3 2–3 EL Erbsen herausnehmen. Basilikum waschen und etwas zum Garnieren beiseite legen, Rest in die Suppe geben. Alles fein pürieren. Flüssige Sahne einrühren, aufkochen und abschmecken. Suppe mit den übrigen Erbsen, Sahnekleksen, Schinken und Brot anrichten. Mit Rest Basilikum garnieren.

ZUBEREITUNGSZEIT ca. 45 Min.
PORTION ca. 440 kcal
18 g E • 23 g F • 38 g KH

Extra-Tipp

Für mehr Würze das geröstete Brot zusätzlich mit einer halbierten Knoblauchzehe einreiben.

Topinambur-Cremesuppe

ZUTATEN FÜR 4 PERSONEN

- 1–2 Kartoffeln (100 g)
- 400 g Topinambur
- 1 Zwiebel
- 2 EL Butter
- 3 TL klare Brühe (oder ¾ l frisch gekochte Rinderbrühe, s. S. 185)
- 1 EL Öl
- 100 g Schlagsahne
- Salz • Pfeffer • 1–2 TL Zitronensaft
- 4 Scheiben Bündner Fleisch (ersatzweise Schwarzwälder Schinken)
- ½ Bund Schnittlauch

1 Kartoffeln und Topinambur schälen, waschen. 50 g Topinambur beiseite legen, Rest und Kartoffeln grob würfeln. Zwiebel schälen und hacken.

2 Butter im Topf erhitzen. Kartoffeln, Topinamburwürfel und Zwiebel darin andünsten. Gut ¾ l Wasser angießen, aufkochen. Brühe einrühren. Zugedeckt ca. 10 Minuten köcheln.

3 Rest Topinambur in feine Scheiben schneiden. Im heißen Öl ca. 2 Minuten goldbraun rösten. Abtropfen lassen.

4 Suppe pürieren. Sahne halbsteif schlagen. Die Hälfte unter die Suppe rühren. Mit Salz, Pfeffer und Zitronensaft abschmecken. Suppe mit Bündner Fleisch, Rest Sahne und den Topinamburchips anrichten. Schnittlauch waschen, fein schneiden und darüberstreuen.

ZUBEREITUNGSZEIT ca. 40 Min.
PORTION ca. 250 kcal
10 g E • 16 g F • 15 g KH

Extra-Info

Topinambur (auch Erdartischocke genannt) ist eine schmackhafte Knolle, die zu einer gelb blühenden Pflanze gehört. Das frostharte Gewächs war in Europa lange ein Grundnahrungsmittel, bevor es von der Kartoffel verdrängt wurde.

Feine Rucolasuppe mit Pinienkernen

ZUTATEN FÜR 4 PERSONEN

- 2–3 EL Pinienkerne
- 150 g Rucola (Rauke)
- 2 Schalotten oder 1 kleine Zwiebel
- 1 Knoblauchzehe
- 2 EL Butter/Margarine
- 2 EL Mehl
- 2 TL Gemüsebrühe (oder gut 600 ml frisch gekochte Gemüsebrühe, s. S. 185)
- 2–3 EL Schmelzkäse
- Salz • Pfeffer • Muskat
- 200 g Schlagsahne

1 Pinienkerne in einer Pfanne ohne zusätzliches Fett goldbraun rösten. Herausnehmen. Rucola putzen, waschen und abtropfen lassen. Schalotten und Knoblauch schälen und fein würfeln.

2 Fett in einem Topf erhitzen. Schalotten und Knoblauch darin andünsten. Mehl darüberstäuben und kurz anschwitzen. Gut 600 ml Wasser und Brühe einrühren. Käse in Flöckchen zufügen und darin schmelzen. Mit Salz und Pfeffer würzen. Einige Blättchen Rucola zum Garnieren beiseite legen. Rest in die Suppe geben. Alles nochmals aufkochen und zugedeckt ca. 2 Minuten köcheln.

3 Suppe mit einem Stabmixer pürieren. Sahne hineingießen. Suppe mit Salz, Pfeffer und Muskat abschmecken, anrichten. Mit den Pinienkernen bestreuen und mit übrigem Rucola garnieren.

ZUBEREITUNGSZEIT ca. 35 Min.
PORTION ca. 290 kcal
5 g E • 25 g F • 10 g KH

Extra-Tipps

- Durch einen Schuss trockenen Sherry bekommt die Suppe Extrapfiff.
- Noch cremiger wird's, wenn Sie die Schlagsahne halbsteif schlagen und vorsichtig unterziehen.

Kohlrabi-Kresse-Creme

ZUTATEN FÜR 4 PERSONEN

- 1 Zwiebel
- 2 Kohlrabi (ca. 600 g)
- 500 g Kartoffeln
- 4 EL Öl
- 3 TL Gemüsebrühe (oder 800 ml frisch gekochte Gemüsebrühe, s. S. 185)
- 4 Scheiben Toastbrot
- 200 g Crème fraîche
- Salz • Pfeffer
- 1–2 EL Zitronensaft
- 1 Beet Kresse

1 Zwiebel schälen. Kohlrabi und Kartoffeln schälen, waschen. Zwiebel und Kartoffeln grob würfeln, Kohlrabi in Stifte schneiden. Alles im Topf in 2 EL heißem Öl andünsten. 800 ml Wasser und Brühe einrühren, aufkochen und zugedeckt ca. 20 Minuten köcheln.

2 Inzwischen Brot würfeln. In 2 EL heißem Öl in einer Pfanne rösten. Evtl. etwas Kohlrabi aus der Suppe nehmen. Gemüse und Kartoffeln in der Brühe pürieren. Crème fraîche einrühren, erhitzen. Mit Salz, Pfeffer und Zitronensaft abschmecken. Kohlrabistifte zufügen.

3 Kresse waschen, vom Beet schneiden und evtl. etwas zum Garnieren beiseite legen. Rest mit 3–4 EL Suppe pürieren. Suppe mit Kressepüree anrichten. Mit Brotwürfeln bestreuen, mit übriger Kresse und Kohlrabistiften garnieren.

ZUBEREITUNGSZEIT ca. 40 Min.
PORTION ca. 410 kcal
7 g E • 26 g F • 35 g KH

Extra-Tipps

- Damit Sie die Suppe cremig pürieren können, sollten Sie das Gemüse lieber etwas weicher garen.
- Herzhafter wird die Suppe mit Schinkenstreifen anstelle der Croûtons. Lecker sind z. B. auch Lachsschinken ohne Fettrand oder Bündner Fleisch.

Suppen aus aller Welt

Von Belgien bis China wird aus dem Vollen geschöpft und Heißes aufgetischt. Achtung: Es sind echte Berühmtheiten dabei!

Rezept auf Seite 135

Toskanische Bohnensuppe „Ribollita“

ZUTATEN FÜR 4–6 PERSONEN

- 250 g getrocknete weiße Bohnenkerne
- 250 g Tomaten
- ½ Wirsing (ca. 500 g)
- 2–3 Stangen Staudensellerie
- 1 kleine Stange Porree (Lauch)
- 2 Möhren
- 1 Zwiebel
- 2 Knoblauchzehen
- 6–8 Stiele frischer oder 1 TL getrockneter Thymian
- 8–10 EL Olivenöl
- 2 EL Tomatenmark
- Salz • Pfeffer
- 1 Ciabattabrot
- 60 g Parmesan (Stück)

1 Bohnen in ca. 1 l kaltem Wasser über Nacht einweichen. Im Einweichwasser aufkochen und zugedeckt bei schwacher Hitze ca. 1 ½ Stunden köcheln.

2 Tomaten kreuzweise einritzen, mit kochendem Wasser überbrühen und abschrecken. Dann häuten, entkernen und in Streifen schneiden. Wirsing, Sellerie, Porree und Möhren putzen bzw. schälen, waschen und klein schneiden. Zwiebel und Knoblauch schälen und, bis auf 1 Knoblauchzehe, fein würfeln. Thymian waschen und abzupfen.

3 4 EL Öl in einem großen Topf erhitzen. Zwiebel- und Knoblauchwürfel darin glasig andünsten. Tomatenmark und ⅔ Thymian mitdünsten. Gemüse zufügen. Mit Salz und Pfeffer würzen. 1 ½ l Wasser zufügen. Aufkochen und zugedeckt ca. 10 Minuten köcheln. Gekochte Bohnen samt Kochwasser zufügen und 10–15 Minuten weiterköcheln.

4 Brot in Scheiben schneiden. Übrige Knoblauchzehe halbieren, Brot damit einreiben und auf ein Backblech legen. Unter dem heißen Backofengrill auf höchster Stufe 2–3 Minuten rösten. Je 1–2 Scheiben in einen tiefen Teller legen. Suppe abschmecken und darauf anrichten. Mit je 1 EL Öl beträufeln. Parmesan reiben und mit restlichem Thymian darüberstreuen.

ZUBEREITUNGSZEIT ca. 2 Std.
EINWEICHZEIT ca. 12 Std.
PORTION ca. 510 kcal
21 g E • 21 g F • 55 g KH

Hühnersuppe „Waterzooi“

ZUTATEN FÜR 4 PERSONEN

- 1 Hähnchenbrust (400 g; mit Haut und Knochen)
- 1 große Zwiebel
- 1 Bund Suppengrün
- Salz • Pfeffer • Muskat
- 250 g gemischtes Hack
- 1 Ei
- 2 EL Paniermehl
- evtl. ⅛ l trockener Weißwein
- 4–8 Scheiben Baguette
- 1 EL Butter/Margarine

1 Fleisch waschen. Zwiebel schälen und halbieren. Suppengrün putzen bzw. schälen, waschen und klein schneiden. Fleisch, ½ Zwiebel und die Hälfte Suppengrün mit 1 ½ l Salzwasser aufkochen. Zugedeckt ca. 20 Minuten köcheln.

2 Rest Zwiebel in feine Würfel schneiden. Mit Hack, Ei, Paniermehl, Salz, Pfeffer und Muskat verkneten und ca. 16 Klößchen formen. Zur Hähnchenbrust geben und alles ca. 10 Minuten weiterköcheln. Fleisch und Klößchen herausnehmen. Die Brühe durchsieben.

3 Brühe und Wein aufkochen. Übriges Suppengrün darin ca. 10 Minuten garen. Fleisch von Haut und Knochen lösen und in Scheiben schneiden. Fleisch und Klößchen in der Suppe erhitzen, mit Salz und Pfeffer abschmecken. Brot im heißen Fett in der Pfanne rösten. Mit der Suppe anrichten.

ZUBEREITUNGSZEIT ca. 1 Std.
PORTION ca. 340 kcal
36 g E • 13 g F • 18 g KH

Extra-Tipp

Statt des Suppengrüns können Sie auch 1 kleinere Stange Porree, 2 Möhren, ¼ Sellerieknolle und evtl. 1 Petersilienwurzel nehmen. Das Gemüse ist dann oftmals von besserer Qualität.

Kürbissuppe mit Hähnchenspieß

ZUTATEN FÜR 4 PERSONEN

- 1 kg Kürbis (z. B. Muskatkürbis)
- 1 mittelgroße Zwiebel
- 1 Knoblauchzehe
- 2–3 EL Öl
- 1 TL Curry
- ¼ TL Chilipulver
- 1 Dose (400 ml) ungesüßte Kokosmilch
- 2 TL Gemüsebrühe (oder ½ l frisch gekochte Gemüsebrühe, s. S. 185)
- 1 Bio-Limette
- 200 g Hähnchenfilet
- Salz • Pfeffer
- 4 Stiele Koriander
- ca. 2 EL Kokosraspel
- 4 Holzspieße

1 Zwiebel und Knoblauch schälen, fein würfeln. Kürbis halbieren, entkernen, schälen und ebenfalls würfeln. Alles in 1–2 EL Öl andünsten. Mit Curry und Chili bestäuben und kurz anschwitzen. Mit ½ l Wasser und Kokosmilch ablöschen. Aufkochen, Brühe einrühren und ca. 20 Minuten köcheln.

2 Limette waschen und in Stücke schneiden. Hähnchenfilet waschen und grob würfeln. Abwechselnd mit der Limette auf 4 Spieße stecken. In 1 EL heißem Öl rundherum 6–8 Minuten braten. Mit Salz und Pfeffer würzen.

3 Koriander waschen, hacken. Kokosraspel ohne Fett goldbraun rösten. 2 EL Kürbis aus der Suppe heben. Rest Kürbis pürieren. Suppe mit Salz und Pfeffer abschmecken. Mit Koriander, Kürbiswürfeln, Kokosraspeln und je 1 Hähnchenspieß anrichten.

ZUBEREITUNGSZEIT ca. 50 Min.
PORTION ca. 360 kcal
13 g E • 26 g F • 17 g KH

Hühnersuppe mit Zitronengras

ZUTATEN FÜR 4 PERSONEN

- 2 Stangen Zitronengras
- evtl. 4 Kaffir-Limettenblätter
- 1 Stück (ca. 40 g) Galgant oder Ingwer
- evtl. 2 TL Hühnerbrühe
- 500 g Hähnchenfilet
- 250 g Austernpilze
- 2–3 mittelgroße Tomaten
- 1 kleine rote Chilischote
- 1 Dose (400 ml) ungesüßte Kokosmilch
- 3–4 EL Sojasoße
- 3–4 EL Limettensaft
- ½ Bund Schnittlauch

1 Vom Zitronengras die harten Außenblätter und den Wurzelansatz entfernen. Stängel zerdrücken und in Stücke schneiden. Limettenblätter waschen. Galgant waschen, in Scheiben schneiden. Alles mit ¾ l Wasser und Brühe aufkochen. Fleisch waschen und darin zugedeckt 15–20 Minuten köcheln.

2 Pilze putzen, abreiben und evtl. kleiner schneiden. Tomaten waschen und klein schneiden. Chili längs einritzen, entkernen, waschen und fein schneiden.

3 Fleisch herausnehmen. Pilze, Tomaten, Chili und Kokosmilch in die Brühe geben, ca. 10 Minuten weiterköcheln. Fleisch in Streifen schneiden und in der Suppe erhitzen. Suppe mit Sojasoße und Limettensaft abschmecken. Schnittlauch waschen, fein schneiden und darüberstreuen.

ZUBEREITUNGSZEIT ca. 1 Std.
PORTION ca. 310 kcal
35 g E · 16 g F · 5 g KH

Extra-Tipp

Zitronengras, Kaffir-Limettenblätter und Galgant, in groben Stücken mitgegart, verleihen der Suppe tolle Würze, sind aber relativ hart bzw. faserig. Daher vorm Essen herausnehmen. Fein gehackt kann man Galgant und den unteren inneren Teil vom Zitronengras auch mitessen.

Rote-Linsen-Suppe

ZUTATEN FÜR 4 PERSONEN

- 1 Zwiebel
- 1 Knoblauchzehe
- 1 Stück (ca. 30 g) Ingwer
- 1 EL Öl
- 250 g rote Linsen
- ca. 1 leicht gehäufter EL Curry
- je ½ TL gemahlener Kreuzkümmel und Kardamom
- 2–3 TL Gemüsebrühe (oder 1 ¼ l frisch gekochte Gemüsebrühe, s. S. 185)
- Salz • Pfeffer • Zucker
- 250 g Sahnejoghurt
- ½ Bund Petersilie

1 Zwiebeln, Knoblauch und Ingwer schälen, fein hacken. Im heißen Öl im großen Topf andünsten. Linsen zugeben und kurz mitdünsten. Mit 1 EL Curry, Kreuzkümmel und Kardamom würzen, kurz anschwitzen.

2 Ca. 1 ¼ l Wasser angießen, aufkochen und Brühe einrühren. Bei schwacher Hitze 15–20 Minuten köcheln. Ab und zu umrühren. Abschmecken. Suppe mit Joghurt anrichten. Petersilie waschen, hacken und darüberstreuen.

ZUBEREITUNGSZEIT ca. 40 Min.
PORTION ca. 320 kcal
20 g E • 9 g F • 37 g KH

Extra-Info

Rote Linsen stammen meist aus Indien oder der Türkei. Ihre braune Schale wurde entfernt, der Kern ist orangerot. Deshalb muss man sie nicht einweichen und nur 10–20 Minuten garen. Da sie schnell zerfallen und mehlig kochen, sind sie super für Suppen, Pürees und Currys.

Pho Bo (Nudelsuppe mit Rindfleisch)

ZUTATEN FÜR 4 PERSONEN

- 1 Zwiebel
- 1 Bund Suppengrün
- 1 Stück (50 g) Ingwer
- 500 g Rindfleisch zum Kochen (z. B. Rinderbeinscheibe)
- 2 Sternanis • Salz • Pfeffer
- 250 g Reisbandnudeln
- 1 Bio-Limette
- 50 g Mungobohnenkeimlinge
- 1 Bund Lauchzwiebeln
- ½ Bund/Töpfchen Koriander
- 4 Stiele Pfefferminze
- 200 g Rinderfilet
- 4 EL Fischsoße
- evtl. 2 EL Sojasoße

1 Zwiebel halbieren. Suppengrün putzen bzw. schälen, waschen und in Stücke schneiden. Ingwer schälen und in Scheiben oder Stifte schneiden. Fleisch abspülen.

2 Zwiebelhälften mit den Schnittflächen nach unten in einem großen Topf kräftig anrösten. Gemüse, Ingwer, Sternanis, 2 TL Salz und Suppenfleisch zufügen und mit ca. 2 l Wasser bedecken. Alles aufkochen und zugedeckt ca. 2 Stunden köcheln. Ab und zu abschäumen.

3 Nudeln in kochendem Salzwasser 6–8 Minuten garen. Limette heiß waschen und trocken reiben. Eine Hälfte auspressen, die andere Hälfte in Scheiben schneiden. Keimlinge waschen. Lauchzwiebeln putzen, waschen und in dünne Ringe schneiden. Kräuter waschen und etwas Koriander zum Garnieren beiseite legen, Rest hacken. Filet trocken tupfen und in sehr dünne Scheiben schneiden.

4 Brühe durch ein Sieb gießen (Suppenfleisch anderweitig verwenden). Brühe mit Fisch- und Sojasoße, Limettensaft und Pfeffer abschmecken, aufkochen. Nudeln abgießen. Mit Keimlingen, Lauchzwiebeln, Kräutern und Filet in großen Suppenschalen anrichten. Heiße Brühe angießen. Mit Limettenscheiben und Rest Koriander garnieren.

ZUBEREITUNGSZEIT ca. 2½ Std.
PORTION ca. 370 kcal
23 g E • 5 g F • 56 g KH

Überbackene Zwiebelsuppe

ZUTATEN FÜR 6 PERSONEN

- 500 g große Zwiebeln
- 2 EL Öl
- Salz • Pfeffer
- 1 gehäufter EL Mehl
- ¼ l trockener Weißwein
- 3–4 TL Gemüsebrühe (oder 1 l frisch gekochte Gemüsebrühe, s. S. 185)
- 1 Baguettebrötchen
- 100 g Hartkäse (z. B. Comté oder Emmentaler; Stück)
- evtl. 1–2 EL Cognac/Weinbrand

1 Zwiebeln schälen und in feine Ringe schneiden oder hobeln. Öl im großen Topf erhitzen. Zwiebelringe darin bei schwacher Hitze ca. 10 Minuten glasig dünsten. Mit Salz und Pfeffer würzen.

2 Zwiebeln mit Mehl bestäuben und anschwitzen. Wein, 1 l Wasser und Brühe einrühren. Alles aufkochen und zugedeckt 15–20 Minuten köcheln.

3 Backofen vorheizen (E-Herd: 220 °C/Umluft: 200 °C/Gas: s. Hersteller). Brötchen in 6 Scheiben schneiden, im Ofen ca. 5 Minuten rösten. Käse reiben.

4 Suppe mit Salz, Pfeffer und Cognac abschmecken. In sechs ofenfeste Suppentassen verteilen. Je 1 Brotscheibe darauflegen und mit Käse bestreuen. Im heißen Ofen 6–8 Minuten goldgelb überbacken.

ZUBEREITUNGSZEIT ca. 1 Std.
PORTION ca. 240 kcal
8 g E • 9 g F • 17 g KH

Extra-Tipp

Wenn Sie keine ofenfesten Suppentassen haben: Brotscheiben auf ein mit Backpapier belegtes Blech legen, mit Käse bestreuen und im heißen Ofen überbacken. Suppe in Tassen oder Teller verteilen und die Brotscheiben darauf anrichten.

Sommersuppe mit Krabben

ZUTATEN FÜR 4–6 PERSONEN

- 375 g Erbsenschoten oder 150 g TK-Erbsen
- 3 mittelgroße Möhren
- 250 g grüne Bohnen
- 150 g Zuckerschoten
- 1 kleiner Blumenkohl
- 100 g Blattspinat
- 250 g Kartoffeln
- Salz • Pfeffer • Zucker
- 2 gehäufte EL (40 g) Mehl
- ½ l Milch
- 150 g Nordseekrabbenfleisch
- 2 EL Butter
- 1 Bund Petersilie

1 Gemüse putzen bzw. schälen und waschen. Erbsen enthülsen. Möhren in Scheiben schneiden, Bohnen und Zuckerschoten halbieren. Blumenkohl in kleine Röschen teilen. Spinat grob hacken. Kartoffeln schälen, waschen und würfeln.

2 Gut 1 ½ l Salzwasser aufkochen. Kartoffeln, Möhren, Blumenkohl und Bohnen darin zugedeckt ca. 10 Minuten garen. Mehl mit 8 EL Milch glatt verrühren. Übrige Milch zum Gemüse gießen und aufkochen. Mit dem angerührten Mehl binden. Erbsen, Zuckerschoten und Spinat zufügen, aufkochen. Zugedeckt ca. 5 Minuten weitergaren.

3 Krabben in der Suppe kurz erhitzen. Alles mit Salz, Pfeffer und Zucker abschmecken. Butter in Flöckchen zufügen. Petersilie waschen, grob hacken und darüberstreuen.

ZUBEREITUNGSZEIT ca. 50 Min.
PORTION ca. 180 kcal
9 g E • 6 g F • 21 g KH

Knoblauchsuppe mit Käse-Crostini

ZUTATEN FÜR 4 PERSONEN

- 1 Bund Suppengrün
- 1 Rinderbeinscheibe (ca. 500 g)
- 1 mittelgroße Zwiebel
- 1–2 EL Öl
- 5 Stiele Thymian
- 1–2 Lorbeerblätter
- 1 Stiel Salbei
- 6 Knoblauchzehen
- 1 EL Öl (z. B. Olivenöl)
- 75 g Bergkäse (Stück)
- 12 Scheiben Vollkornbaguette (ca. 150 g)
- 2 Eigelb
- 100 g Schlagsahne
- Salz • Pfeffer

1 Suppengrün schälen bzw. putzen, waschen und grob zerkleinern. Fleisch waschen und trocken tupfen. Zwiebel halbieren und die Schnittflächen in einem Topf ohne Fett anrösten, herausnehmen. Öl im Topf erhitzen. Fleisch und Suppengrün mit anbraten. Gut 1 ½ l Wasser zugießen. Thymian waschen, mit Lorbeer und Zwiebel zum Fleisch geben. Aufkochen und bei schwacher Hitze ca. 2 Stunden köcheln. Zwischendurch öfter abschäumen.

2 Fleisch aus der Brühe nehmen und etwas abkühlen lassen. Brühe durchsieben und 1 l abmessen. Fleisch vom Knochen lösen und in mundgerechte Stücke schneiden.

3 Backofen vorheizen (E-Herd: 225 °C/ Umluft: 200 °C/Gas: s. Hersteller). Salbei waschen, abzupfen und Blätter in Streifen schneiden. Knoblauch schälen, in dünne Scheiben schneiden. Öl im Topf erhitzen. Salbei und Knoblauch darin andünsten. Fleischbrühe zugießen und aufkochen. Fleisch zugeben und erhitzen.

4 Käse reiben und auf die Brotscheiben streuen. Im heißen Ofen 3–4 Minuten goldbraun überbacken.

5 Suppe vom Herd nehmen. Eigelb und Sahne verquirlen, in die heiße Suppe rühren (nicht mehr kochen!). Mit Salz und Pfeffer abschmecken. Suppe mit den Crostini anrichten.

ZUBEREITUNGSZEIT ca. 2 ¾ Std.
PORTION ca. 420 kcal
23 g E • 26 g F • 21 g KH

Borschtsch mit Sauerkraut

ZUTATEN FÜR 6 PERSONEN

- 1 große Zwiebel
- 3 mittelgroße Möhren
- Salz • Pfeffer
- 3 Lorbeerblätter
- 1 TL schwarze Pfefferkörner
- 1 kg Rindfleisch zum Kochen (z. B. Hohe Rippe)
- 300 g Rote Bete
- 100 g geräucherter durchwachsener Speck
- 1 EL Tomatenmark • Zucker
- ca. 2 EL Weißweinessig
- 500 g Kartoffeln
- 1 Dose (314 ml) Sauerkraut
- ½ Bund Schnittlauch
- 250 g saure Sahne

1 Zwiebel schälen und vierteln. 1 Möhre schälen, waschen und in Stücke schneiden. Beides mit ca. 2 ½ l kaltem Wasser, 1 gehäuften TL Salz, Lorbeer und Pfefferkörnern in einen großen Topf geben. Fleisch abspülen und hineinlegen. Alles aufkochen und zugedeckt 2 ½ Stunden köcheln. Entstehenden Schaum dabei öfter abschöpfen.

2 Inzwischen Rote Bete und 2 Möhren schälen und waschen. Möhren in Stifte und Rote Bete in Würfel schneiden. Speck würfeln. Fleisch aus der Brühe heben und die Brühe durchsieben.

3 Speck in einer großen Pfanne knusprig braten. Rote Bete zufügen und zugedeckt ca. 10 Minuten dünsten. Tomatenmark, 1 EL Zucker und 2 EL Essig einrühren und kurz weiterdünsten. Ca. 100 ml Brühe angießen. Möhren zufügen, zugedeckt ca. 15 Minuten weitergaren.

4 Kartoffeln schälen, waschen und in dicke Stifte schneiden. Restliche Fleischbrühe aufkochen und die Kartoffeln darin zugedeckt ca. 15 Minuten garen. Sauerkraut abtropfen lassen. Fleisch würfeln. Mit Rote-Bete-Mischung und Sauerkraut in die Brühe geben und ca. 5 Minuten weiterkochen.

5 Schnittlauch waschen und in Röllchen schneiden. Borschtsch mit Salz, Pfeffer und Essig abschmecken. Mit der sauren Sahne und Schnittlauch anrichten.

ZUBEREITUNGSZEIT ca. 3 ¼ Std.
PORTION ca. 490 kcal
29 g E • 31 g F • 19 g KH

Pikante Asiasuppe

ZUTATEN FÜR 4 PERSONEN

- 250 g Schweinefilet
- 7–8 EL Sojasoße
- 3 mittelgroße Möhren
- 1 rote Paprikaschote (ca. 250 g)
- 1 Stange Porree (Lauch)
- 1 Dose (314 ml) Bambusschösslinge
- 100 g Mungo- oder Sojabohnenkeimlinge
- 2 EL Öl
- Pfeffer • Salz
- evtl. 2 EL Gemüsebrühe
- ca. ½ TL Sambal Oelek

1 Fleisch trocken tupfen und in dünne Streifen schneiden. In 6 EL Sojasoße zugedeckt ca. 30 Minuten marinieren, gelegentlich umrühren.

2 Gemüse putzen bzw. schälen, waschen und klein schneiden. Bambus abtropfen lassen. Keimlinge verlesen und im Sieb abspülen, abtropfen lassen.

3 Fleisch abtropfen lassen, Marinade auffangen. Öl im Topf erhitzen. Fleisch darin unter Wenden 2–3 Minuten braten. Mit Pfeffer und evtl. Salz würzen, herausnehmen.

4 Möhren, Paprika und Porree im heißen Bratfett kurz andünsten. Mit 1 ½ l Wasser ablöschen. Aufkochen, Brühe und Marinade einrühren und zugedeckt 8–10 Minuten köcheln.

5 Bambus und Keimlinge die letzten 2–3 Minuten mitgaren. Fleisch in der Suppe erhitzen. Mit Sambal Oelek, Sojasoße und evtl. etwas Salz abschmecken.

ZUBEREITUNGSZEIT ca. 45 Min.
MARINIERTZEIT ca. 30 Min.
PORTION ca. 190 kcal
20 g E • 8 g F • 8 g KH

Zarte Ragouts und Currys

Fleisch und Gemüse werden hier in viel Soße zum leckeren Ganzen vereint. Eine Beilage dazu, und das Essen ist komplett

Rezept auf Seite 142

Ragout fin in Königinpasteten

ZUTATEN FÜR 4 PERSONEN

- 1 mittelgroße Zwiebel
- 250 g kleine Champignons
- 400 g Kalbsschnitzel
- 2–3 EL Butterschmalz oder Öl
- Salz • Pfeffer
- 2 leicht gehäufte EL (30 g) Mehl
- ⅛ l Weißwein
- 1 Glas (400–500 ml) Kalbsfond
- 100 g Schlagsahne
- 4 Königinpasteten
- einige Stiele Kerbel oder glatte Petersilie
- 150 g TK-Erbsen
- Worcestersoße

1 Zwiebel schälen und hacken. Pilze putzen, waschen und je nach Größe halbieren oder vierteln. Fleisch trocken tupfen und in Würfel schneiden.

2 Butterschmalz in einem weiten Topf erhitzen. Fleisch darin ca. 5 Minuten braten. Mit Salz und Pfeffer würzen und herausnehmen. Zwiebel und Pilze im heißen Bratfett ca. 5 Minuten braten. Fleisch wieder zufügen. Mehl darüberstäuben und kurz anschwitzen. Mit Wein, Fond und Sahne ablöschen. Alles aufkochen und ca. 10 Minuten köcheln.

3 Pasteten im vorgeheizten Backofen (E-Herd: 200 °C/Umluft: 175 °C/Gas: s. Hersteller) 5–10 Minuten aufbacken. Kerbel waschen, etwas zum Garnieren beiseite legen und den Rest hacken. Erbsen im Ragout erhitzen. Ragout mit Worcestersoße, Salz und Pfeffer abschmecken. Gehackten Kerbel zufügen. Pasteten anrichten und mit dem Ragout füllen. Mit übrigem Kerbel garnieren. Dazu schmeckt ein gemischter Salat.

ZUBEREITUNGSZEIT ca. 30 Min.
PORTION ca. 470 kcal
29 g E • 25 g F • 23 g KH

Hähnchencurry mit Mango

ZUTATEN FÜR 4 PERSONEN

- 1 mittelgroße Zwiebel
- 400 g Möhren
- 600 g Kartoffeln
- 500 g Hähnchenfilet
- 2 EL Öl
- Salz • Pfeffer
- 2–3 TL Curry
- 1 gehäufter EL Mehl
- 2 TL Hühnerbrühe (oder ½–¾ l frisch gekochte Hühnerbrühe, s. S. 185)
- 1 reife Mango (ca. 400 g)
- 2 EL Mangochutney (Glas)
- evtl. einige Stiele Koriander

1 Zwiebel schälen und würfeln. Möhren und Kartoffeln schälen, waschen und klein schneiden. Fleisch waschen, trocken tupfen und in Würfel schneiden.

2 Fleisch im heißen Öl rundherum kräftig anbraten. Mit Salz und Pfeffer würzen, herausnehmen. Möhren, Kartoffeln und Zwiebel im Bratfett anbraten. Fleisch wieder zufügen. Curry und Mehl darüberstäuben und kurz anschwitzen. ½–¾ l Wasser und Brühe einrühren. Aufkochen und zugedeckt ca. 15 Minuten köcheln lassen.

3 Mango schälen, Fruchtfleisch vom Stein schneiden und würfeln. Mango-Chutney und Mangowürfel ins Curry rühren und ca. 3 Minuten weiterköcheln. Koriander waschen, etwas zum Garnieren beiseite legen, Rest grob hacken. Unter das Curry rühren. Mit Salz und Pfeffer abschmecken, mit Koriander garnieren.

ZUBEREITUNGSZEIT ca. 50 Min.
PORTION ca. 360 kcal
32 g E • 7 g F • 40 g KH

Frisches Gemüseragout

ZUTATEN FÜR 4 PERSONEN

- 1 mittelgroße Zwiebel
- 200 g Champignons
- 3 Möhren (ca. 300 g)
- 2 kleine Kohlrabi (ca. 500 g)
- 150 g Zuckerschoten (ersatzweise TK-Erbsen)
- 600 g kleine Kartoffeln
- 2 EL Butter/Margarine
- ¼ l trockener Weißwein
- 2 TL Gemüsebrühe (oder gut ½ l frisch gekochte Gemüsebrühe, s. S. 185)
- 2 leicht gehäufte EL Mehl
- 100 g Schlagsahne
- Salz • Pfeffer
- 1 Bund/Töpfchen Kerbel oder Petersilie

1 Zwiebel, Pilze, Gemüse und Kartoffeln schälen bzw. putzen und waschen. Zwiebel fein würfeln. Pilze in Scheiben schneiden. Möhren längs halbieren und in Scheiben, Kohlrabi in Stifte schneiden. Kartoffeln je nach Größe halbieren oder vierteln.

2 Fett in einem großen Topf erhitzen. Pilze darin anbraten. Zwiebel, Möhren, Kartoffeln und Kohlrabi kurz mitbraten. Gut ½ l Wasser, Wein und Brühe einrühren. Alles aufkochen und zugedeckt ca. 15 Minuten garen.

3 Mehl und Sahne glatt rühren. In die Soße rühren und ca. 5 Minuten köcheln. Zuckerschoten die letzten 3–4 Minuten mitgaren. Alles mit Salz und Pfeffer abschmecken. Kerbel waschen, die Blättchen abzupfen und darunterrühren.

ZUBEREITUNGSZEIT ca. 50 Min.
PORTION ca. 330 kcal
8 g E • 13 g F • 35 g KH

Fisch-Gemüse-Curry

ZUTATEN FÜR 4 PERSONEN

- 1 Zwiebel
- 1 große Möhre
- 1 kleiner Blumenkohl (ca. 1 kg)
- 3 EL Öl
- 2–3 EL gelbe Currypaste
- 1–2 TL Gemüsebrühe
- 150 g TK-grüne-Bohnen
- 100 g TK-Erbsen
- 600 g Fischfilet (z. B. Kabeljau oder Seelachs)
- 2 EL Zitronensaft
- Salz • Pfeffer
- Mehl zum Wenden + 1 EL Mehl
- 100 g Schlagsahne
- Petersilie zum Garnieren

1 Zwiebel schälen und fein würfeln. Möhre schälen, waschen und in dicke Scheiben schneiden. Blumenkohl putzen, waschen und in kleine Röschen teilen.

2 1 EL Öl im Topf erhitzen. Zwiebel darin andünsten. Currypaste einrühren und kurz anschwitzen. Gut ½ l Wasser angießen und Brühe einrühren. Blumenkohl, Möhre und Bohnen zufügen. Alles aufkochen und zugedeckt 10–12 Minuten köcheln. Erbsen ca. 5 Minuten mitgaren.

3 Inzwischen Fisch waschen, trocken tupfen und in Stücke schneiden. Mit Zitronensaft beträufeln und mit Salz und Pfeffer würzen. In Mehl wenden. 2 EL Öl in einer beschichteten Pfanne erhitzen. Fisch darin 5–6 Minuten braten.

4 Sahne und 1 EL Mehl verrühren. Unter das Gemüse rühren und nochmals aufkochen. Ca. 5 Minuten köcheln. Mit Salz und Pfeffer abschmecken. Fischstücke unterheben. Fischcurry mit Petersilie garnieren. Dazu schmeckt Reis.

ZUBEREITUNGSZEIT ca. 45 Min.
PORTION ca. 340 kcal
26 g E • 19 g F • 14 g KH

Hühnerfrikassee mit Brätbällchen

ZUTATEN FÜR 4–6 PERSONEN

- 1 Bund Suppengrün
- 1 mittelgroße Zwiebel
- 1 großes Hähnchen (ca. 1,5 kg)
- 1 TL schwarze Pfefferkörner
- 1 Lorbeerblatt • Salz • Pfeffer
- 500 g grüner Spargel
- 250 g kleine Champignons
- 200 g TK-Pariser-Karotten
- 2 EL Öl
- 1 ungebrühte feine Kalbsbratwurst (ca. 100 g)
- 4 leicht gehäufte EL Butter
- 3 gehäufte EL Mehl
- 150–200 g Schlagsahne
- ca. 3 EL Noilly Prat (französischer Weinaperitif; ersatzweise Zitronensaft)
- ½ Töpfchen Kerbel

1 Suppengrün putzen bzw. schälen, waschen und in Stücke schneiden. Zwiebel schälen und halbieren. Hähnchen waschen. Alles mit Pfefferkörnern, Lorbeer und 1–2 TL Salz in einen Topf geben. 2–2 ½ l Wasser angießen, bis alles bedeckt ist. Alles aufkochen und zugedeckt ca. 1 ½ Stunden köcheln.

2 Spargel waschen und die holzigen Enden großzügig abschneiden. Spargel in Stücke schneiden. Pilze putzen, waschen und halbieren.

3 Hähnchen aus der Brühe heben. Brühe durchsieben und ca. 1 l abmessen. Aufkochen, TK-Karotten und Spargel darin zugedeckt 6–8 Minuten garen. Gemüse herausheben.

4 Öl in einer Pfanne erhitzen. Wurstmasse aus der Haut als kleine Bällchen direkt hineindrücken und rundherum 2–3 Minuten braun braten. Herausnehmen. Pilze im heißen Bratfett ca. 5 Minuten braten. Mit Salz und Pfeffer würzen.

5 Butter im großen Topf erhitzen. Mehl darüberstäuben und anschwitzen. Brühe und Sahne einrühren. Aufkochen und 5–10 Minuten köcheln.

6 Hähnchenfleisch von Haut und Knochen lösen, in Stücke schneiden. Soße mit Salz, Pfeffer und Noilly Prat abschmecken. Gemüse, Pilze, Brätbällchen und Fleisch darin erhitzen. Kerbel waschen und abzupfen. Das Frikassee anrichten und mit Kerbel bestreuen. Dazu schmeckt Butterreis.

ZUBEREITUNGSZEIT ca. 2 ¼ Std.
PORTION ca. 630 kcal
45 g E • 42 g F • 13 g KH

Extra-Tipp

Für eine hübsche Beilage: Tasse oder Förmchen gut fetten. Gegarten Reis portionsweise hineinfüllen und leicht andrücken. Den Reis auf den Teller stürzen und das Frikassee darum verteilen.

Würziges Blumenkohl-Brokkoli-Curry

ZUTATEN FÜR 4 PERSONEN

- 200 g Langkorn-Wildreismischung
- Salz • Pfeffer
- 500 g Blumenkohl
- 500 g Brokkoli
- 2 TL Gemüsebrühe (oder ½ l frisch gekochte Gemüsebrühe, s. S. 185)
- 2 Zwiebeln
- 4 Tomaten
- 500 g Schweineschnitzel
- 2 EL Öl
- 2 EL Curry
- 4 EL Crème fraîche
- 3 EL heller Soßenbinder

1 Reis in gut 400 ml kochendes Salzwasser geben. Zugedeckt ca. 20 Minuten ausquellen lassen.

2 Blumenkohl und Brokkoli putzen, waschen, in Röschen teilen. Gut ½ l Wasser und Brühe aufkochen. Blumenkohl darin zugedeckt ca. 10 Minuten und Brokkoli ca. 5 Minuten garen. Abtropfen lassen, die Brühe dabei auffangen.

3 Zwiebeln schälen und fein würfeln. Tomaten waschen und in Spalten schneiden. Fleisch waschen, abtupfen und würfeln.

4 Fleisch in einer großen Schmorpfanne im heißen Öl rundherum 3–5 Minuten braten. Tomaten und Zwiebeln kurz mitbraten. Mit Salz, Pfeffer und Curry würzen. Brühe und Crème fraîche einrühren, aufkochen. Mit Soßenbinder binden. Blumenkohl und Brokkoli zufügen. Nochmals abschmecken. Die Reismischung dazureichen.

ZUBEREITUNGSZEIT ca. 45 Min.
PORTION ca. 330 kcal
35 g E • 11 g F • 21 g KH

Extra-Tipp

Übriger Blumenkohl hält sich verpackt im Kühlschrank 2–3 Tage. Praktisch sind auch tiefgefrorene Röschen im Beutel, denn sie lassen sich prima portionieren.

Hähnchenragout mit Blätterteighaube

ZUTATEN FÜR 4 PERSONEN

- 300 g Möhren • ca. 500 g Mairübchen
- 600 g Hähnchenfilet
- 1 TL Pfefferkörner • 1 Lorbeerblatt
- Salz • Pfeffer • 150 g TK-Erbsen
- 1 Zwiebel • 400 g Champignons
- 1 EL + 125 g + etwas kalte Butter
- 6 quadratische Scheiben (à 45 g) TK-Blätterteig • 100 g Schlagsahne
- 2 Beutel „Zubereitung für Sauce Hollandaise" (für je 125 g Butter)
- 2 EL Zitronensaft
- 1 Ei • Backpapier

1 Gemüse schälen, waschen und klein schneiden. Fleisch waschen. Mit gut ¾ l Wasser, Pfefferkörnern, Lorbeer und 1 TL Salz aufkochen. Gemüse zufügen und zugedeckt 8–10 Minuten köcheln. Erbsen unaufgetaut zufügen.

2 Zwiebel schälen und fein würfeln. Pilze putzen, waschen und halbieren oder vierteln. 1 EL Butter erhitzen. Pilze darin rundherum anbraten. Zwiebel kurz mitbraten. Mit Salz und Pfeffer würzen. Blätterteig auftauen lassen.

3 Fleisch und Gemüse durchsieben, Brühe auffangen. 400 ml Brühe und Sahne in einen Topf gießen. Soßenpulver einrühren, aufkochen. Vom Herd ziehen und nur 125 g Butter in Stückchen darunterschlagen. Mit Salz, Pfeffer und Zitronensaft abschmecken. Fleisch aufschneiden, mit Gemüse, Pilzen und Soße in eine gefettete Auflaufform füllen.

4 Teigscheiben aufeinanderlegen und 6–7 cm größer als die Form ausrollen. Ei trennen. Formrand mit Eiweiß bestreichen. Teig über die Form legen, Rand andrücken und gerade schneiden. Aus Rest Teig evtl. Streifen schneiden und Blüten ausstechen. In den Teigdeckel entlang der Mitte 3 Löcher (ca. 1,5 cm Ø) schneiden. Eigelb und 2 EL Wasser verquirlen, Teig damit bestreichen. Teigstreifen als Gitter darauflegen , mit Rest Eigelb bestreichen. Im vorgeheizten Ofen (E-Herd: 200 °C/Umluft: 175 °C/Gas: s. Hersteller) 20–25 Minuten backen. Blüten auf Backpapier ca. 10 Minuten mitbacken.

ZUBEREITUNGSZEIT ca. 1 Std.
BACKZEIT 20–25 Min.
PORTION ca. 940 kcal
32 g E • 77 g F • 23 g KH

Gemüsecurry zu Couscous

ZUTATEN FÜR 4 PERSONEN

- 500 g grüne Bohnen
- 500 g Brokkoli
- 2 mittelgroße Zucchini
- 200 g Kirschtomaten
- 1 mittelgroße Zwiebel
- 1 Knoblauchzehe
- 3 EL Öl
- Salz • Pfeffer • Curry
- 1 Dose (400 ml) ungesüßte Kokosmilch
- 2 TL Gemüsebrühe (oder ½ l frisch gekochte Gemüsebrühe, s. S. 185)
- 250 g Couscous (grober Hartweizengrieß)

1 Gemüse putzen und waschen. Bohnen in Stücke brechen, Brokkoli in Röschen teilen und Zucchini in Stücke schneiden. Tomaten evtl. halbieren. Zwiebel und Knoblauch schälen und fein würfeln bzw. hacken.

2 1 EL Öl in einem Topf erhitzen. Zucchini darin andünsten. Mit Salz und Pfeffer würzen, herausnehmen. 1 EL Öl im Bratfett erhitzen. Zwiebel und Knoblauch darin glasig dünsten. 3–4 TL Curry darüberstäuben und unter Rühren kurz anschwitzen. ½ l Wasser, Kokosmilch und Brühe einrühren. Aufkochen, Bohnen zufügen und zugedeckt ca. 10 Minuten köcheln. Brokkoli und Tomaten zufügen und ca. 5 Minuten weiterköcheln. Zucchini zugeben und erhitzen.

3 Inzwischen ¼ l Wasser und 1 gestrichenen TL Salz im kleinen Topf aufkochen. Couscous einrühren, vom Herd ziehen und ca. 3 Minuten quellen lassen (s. auch Packungsanweisung). Gemüsecurry mit Salz und Pfeffer abschmecken. Anrichten, Couscous dazureichen.

ZUBEREITUNGSZEIT ca. 1 Std.
PORTION ca. 570 kcal
17 g E • 26 g F • 62 g KH

Garnelen-Kokos-Curry

ZUTATEN FÜR 4–6 PERSONEN

- 750 g rohe Garnelen (geschält; frisch oder TK)
- 4 TL Gemüsebrühe (oder knapp ½ l frisch gekochte Gemüsebrühe, s. S. 185)
- 2–3 mittelgroße Zwiebeln
- 1–2 Knoblauchzehen
- 1 walnussgroßes Stück (ca. 20 g) Ingwer
- ½ rote Chilischote
- 3 EL Öl
- 2 EL Curry
- 3 gehäufte EL Mehl
- 1 Dose (400 ml) ungesüßte Kokosmilch
- Salz • Pfeffer
- ½ TL gemahlener Koriander
- 1 Stange Zitronengras
- 1 Bund Lauchzwiebeln
- 1–2 EL Zitronensaft
- ½ Bund/Töpfchen Koriandergrün

1 TK-Garnelen auftauen lassen. Knapp ½ l Wasser und Brühe aufkochen. Garnelen waschen und darin in 2 Portionen jeweils 1–2 Minuten köcheln. Herausheben. Brühe und Garnelen beiseite stellen.

2 Zwiebeln, Knoblauch und Ingwer schälen und fein würfeln. Chili längs einritzen, entkernen, waschen und hacken. Alles im heißen Öl andünsten. Curry und Mehl kurz anschwitzen. Brühe und Kokosmilch einrühren, aufkochen. Mit Salz, Pfeffer und Koriander würzen.

3 Äußere Blätter vom Zitronengras entfernen. Stängel längs halbieren und in das Curry geben. Zugedeckt bei schwacher Hitze ca. 10 Minuten köcheln, dabei ab und zu umrühren.

4 Lauchzwiebeln putzen, waschen und in feine Ringe schneiden. Zitronengras herausnehmen. Garnelen und Lauchzwiebeln im Curry erhitzen. Mit Salz, Pfeffer und Zitronensaft abschmecken. Koriander waschen, abzupfen und darüberstreuen. Dazu schmeckt Basmatireis oder Baguette.

ZUBEREITUNGSZEIT ca. 45 Min.
EVTL. AUFTAUZEIT ca. 1 Std.
PORTION ca. 370 kcal
30 g E • 18 g F • 10 g KH

Volle Kelle Gemüse

Diese bunten Gemüsesuppen machen selbst Fleischfans glücklich und haben allemal das Zeug zum Lieblingsessen

Rezept auf Seite 158

Kürbis-Kokossuppe

ZUTATEN FÜR 4 PERSONEN

- 800 g Kürbis (z. B. Hokkaido)
- 1 Zwiebel
- 2 EL Butter/Margarine
- 2–3 TL Curry
- 1 kleine Dose (160 ml) ungesüßte Kokosmilch
- 3–4 TL Gemüsebrühe (oder knapp 1 l frisch gekochte Gemüsebrühe, s. S. 185)
- ½ TL Chiliflocken
- 3 EL Kürbiskerne
- evtl. 1–2 Stiele Borretsch
- 1–2 TL flüssiger Honig
- Salz • Pfeffer
- 2 TL Kürbiskernöl
- 2 EL Kokoschips oder -raspel

1 Kürbis waschen, halbieren, entkernen und würfeln (Hokkaido nicht schälen). Zwiebel schälen und fein würfeln. Beides im heißen Fett andünsten.

2 Mit Curry bestäuben und kurz anschwitzen. Mit knapp 1 l Wasser und Kokosmilch ablöschen. Brühe und Chili einrühren. Aufkochen und zugedeckt ca. 15 Minuten köcheln.

3 Kürbiskerne in einer Pfanne ohne Fett rösten, herausnehmen. Borretsch waschen und in Streifen schneiden.

4 4 EL Kürbiswürfel herausheben. Übrigen Kürbis in der Brühe pürieren. Borretsch in die Suppe rühren. Mit Honig, Salz und Pfeffer abschmecken. Mit Kürbiskernöl, -würfeln, -kernen und Kokoschips anrichten.

ZUBEREITUNGSZEIT ca. 50 Min.
PORTION ca. 240 kcal
5 g E • 16 g F • 16 g KH

Extra-Tipp

Das milde Fruchtfleisch vom Kürbis harmoniert z. B. prima mit Lorbeer, Piment und Wacholderbeeren. Oder exotisch mit Curry, Ingwer, Chili, Nelken, Zimt. Auch lecker: mediterran mit Knoblauch, Thymian, Olivenöl und Balsamico-Essig.

Kohlsuppe mit Röstbrot

ZUTATEN FÜR 4 PERSONEN

- 2 Kohlrabi
- 1 mittelgroße Kartoffel
- 1 Spitzkohl (ca. 1 kg)
- 250 g Zuckerschoten oder TK-Erbsen
- 2 Zwiebeln
- 2 EL Öl
- 2 EL Gemüsebrühe (oder gut 1 l frisch gekochte Gemüsebrühe, s. S. 185)
- 2 Brötchen
- ½ Bund/Töpfchen Kerbel oder Petersilie
- Salz • Pfeffer
- evtl. bunter Pfeffer

1 Kohlrabi, Kartoffel, Spitzkohl und Zuckerschoten schälen bzw. putzen und waschen. Alles klein schneiden.

2 Zwiebeln schälen und fein würfeln. In 1 EL Öl andünsten. Gut 1 l Wasser, Brühe, Kartoffel, Kohlrabi und Spitzkohl zugeben. Zugedeckt ca. 15 Minuten köcheln. Zuckerschoten bzw. Erbsen zufügen und 3–5 Minuten weiterköcheln.

3 Brötchen in Scheiben schneiden. In einer beschichteten Pfanne in 1 EL heißem Öl rösten. Kerbel waschen und etwas zum Garnieren beiseite legen, Rest hacken. Röstbrot mit Salz und etwas Kerbel bestreuen.

4 Suppe mit Salz und Pfeffer abschmecken und mit Rest Kerbel und buntem Pfeffer garnieren. Röstbrot dazureichen.

ZUBEREITUNGSZEIT ca. 40 Min.
PORTION ca. 290 kcal
13 g E • 7 g F • 43 g KH

Extra-Tipp

Kochen Sie gleich eine größere Menge Kohlsuppe. Sie lässt sich prima portionsweise einfrieren und mit ins Büro nehmen.

Schalottensuppe mit Nussbaguette

ZUTATEN FÜR 4 PERSONEN

- 500 g Schalotten
- 2 EL Butter
- ¼ l trockener Weißwein
- 1 EL Gemüsebrühe (oder ¾ l frisch gekochte Gemüsebrühe, s. S. 185)
- ½ TL getrockneter Thymian
- 1–2 EL Walnusskerne
- 100 g Gorgonzola
- 8 Scheiben Baguette
- Salz • Pfeffer

1 Schalotten schälen und in Ringe schneiden. In heißer Butter glasig dünsten. Wein, ¾ l Wasser, Brühe und Thymian zugeben. Aufkochen und zugedeckt 10–15 Minuten köcheln.

2 Walnüsse grob hacken. Gorgonzola in 8 Scheiben schneiden. Baguette auf einem mit Backpapier ausgelegten Backblech verteilen. Unter dem vorgeheizten Backofengrill oder im Backofen bei höchster Hitze 2–3 Minuten rösten. Wenden, mit Käse belegen und mit Walnüssen bestreuen. Nochmals ca. 1 Minute rösten.

3 Suppe mit Salz und Pfeffer abschmecken, anrichten. Auf jede Suppe 1 Baguettescheibe setzen und sofort servieren. Restliche Baguettes dazureichen.

ZUBEREITUNGSZEIT ca. 35 Min.
PORTION ca. 260 kcal
7 g E • 11 g F • 21 g KH

Rote-Bete-Kohltopf mit Käseklößchen

ZUTATEN FÜR 4 PERSONEN

- 500 g Kartoffeln
- 1 mittelgroße Zwiebel
- 500 g Weißkohl
- 500 g Rote Bete
- 2 EL Öl
- Salz • Pfeffer
- evtl. Kümmel
- 3–4 TL Gemüsebrühe (oder 1 ½ l frisch gekochte Gemüsebrühe, s. S. 185)
- ¼ l Milch
- 1 EL (20 g) Butter/Margarine
- 125 g Hartweizengrieß
- 1 Ei (Gr. M)
- 60 g Doppelrahmfrischkäse mit Kräutern
- 1 EL geriebener Meerrettich (Glas)
- Zucker
- 2–3 EL Weißweinessig
- 1 Bund Petersilie

1 Kartoffeln schälen, waschen. Zwiebel schälen. Beides grob würfeln. Kohl putzen, waschen und in grobe Streifen schneiden. Rote Bete putzen, schälen, waschen und in Stifte schneiden.

2 Öl im großen Topf erhitzen. Zwiebel darin andünsten. Rote Bete, Kohl und Kartoffeln kurz mitdünsten. Mit Salz, Pfeffer und Kümmel würzen. 1 ½ l Wasser und Brühe zufügen. Aufkochen und zugedeckt 20–25 Minuten köcheln.

3 Milch, 1 Prise Salz und Fett im Topf aufkochen. Grieß einstreuen und rühren, bis sich der Teig als Kloß vom Topfboden löst. In eine Schüssel geben. Ei, Frischkäse und Meerrettich unter die heiße Masse rühren.

4 Daraus mit zwei angefeuchteten Teelöffeln Klößchen abstechen. In kochendes Salzwasser geben und bei schwacher Hitze ca. 5 Minuten gar ziehen lassen, bis sie an die Oberfläche steigen.

5 Eintopf mit Salz, Pfeffer, 1 Prise Zucker und Essig abschmecken. Mit den Klößchen anrichten. Petersilie waschen, hacken und darüberstreuen.

ZUBEREITUNGSZEIT ca. 1 ¼ Std.
PORTION ca. 460 kcal
13 g E • 19 g F • 57 g KH

Minestrone mit Polentaklößchen

ZUTATEN FÜR 4 PERSONEN

- 4 EL Butter/Margarine
- Salz • Pfeffer
- 130 g Maisgrieß (Polenta)
- 4 EL frisch geriebener Parmesan
- 2 Eier (Gr. M)
- 2 Zwiebeln
- 2–3 Möhren (ca. 250 g)
- ½ Wirsing
- 1 Zucchini (ca. 200 g)
- 4 Tomaten (ca. 300 g)
- 1 Dose (425 ml) weiße italienische Bohnenkerne
- 2–3 EL Gemüsebrühe (oder 1 ½ l frisch gekochte Gemüsebrühe, s. S. 185)
- evtl. gemahlener Kümmel

1 ¼ l Wasser, 2 EL Fett und ¼ TL Salz aufkochen. Maisgrieß einstreuen und so lange rühren, bis sich die Masse als Kloß vom Topfboden löst. Etwas abkühlen lassen. Käse und Eier unterrühren.

2 Zwiebeln schälen. Möhren, Wirsing, Zucchini und Tomaten schälen bzw. putzen und waschen. Alles klein schneiden. Bohnen abspülen, abtropfen lassen.

3 Zwiebeln und Wirsing in 2 EL heißem Fett andünsten. 1 ½ l Wasser angießen. Aufkochen und Brühe einrühren. Alles ca. 20 Minuten köcheln. Nach ca. 5 Minuten Möhren, nach weiteren ca. 10 Minuten Zucchini, Tomaten und Bohnen zufügen. Suppe mit Salz, Pfeffer und Kümmel abschmecken.

4 Polenta zu Klößchen formen. In siedendem Salzwasser 3–4 Minuten gar ziehen lassen, bis sie an die Oberfläche steigen. Mit der Schaumkelle herausnehmen und in der Suppe anrichten.

ZUBEREITUNGSZEIT ca. 1 Std.
PORTION ca. 390 kcal
18 g E · 16 g F · 41 g KH

Extra-Info

Viele Kohlsorten sind etwas schwerer verdaulich bzw. haben eine blähende Wirkung. Bekömmlicher wird Kohl, wenn Sie ihn mit Kümmel würzen. Eine ähnliche Wirkung haben Fenchelsamen, Wacholder, Kreuzkümmel, Koriander, Senf, Ingwer und Kräuter wie Majoran und Thymian.

Pikante Steckrübensuppe

ZUTATEN FÜR 4 PERSONEN

- 1 Steckrübe (ca. 1,2 kg)
- 500 g Kartoffeln
- 500 g Möhren
- 2 mittelgroße Zwiebeln
- 3 EL Öl
- Salz • Pfeffer
- 1 TL getrockneter Majoran
- 3–4 TL Gemüsebrühe (oder gut 1 l frisch gekochte Gemüsebrühe, s. S. 185)
- 3 Scheiben Schwarzbrot
- Saft von 2 Orangen
- ca. 100 g Schmand
- evtl. Majoran zum Garnieren

1 Steckrübe, Kartoffeln und Möhren schälen, waschen und würfeln. Zwiebeln schälen und fein würfeln.

2 2 EL Öl in einem großen Topf erhitzen. Zwiebeln, Kartoffeln und Gemüse darin andünsten. Mit Salz, Pfeffer und Majoran würzen. Mit gut 1 l Wasser ablöschen, Brühe einrühren. Aufkochen und zugedeckt ca. 20 Minuten garen.

3 Brot würfeln. In 1 EL heißem Öl in einer beschichteten Pfanne rösten. Herausnehmen und abkühlen lassen.

4 ⅓ der Kartoffel- und Gemüsewürfel herausheben. Rest in der Brühe fein zerstampfen oder pürieren. Orangensaft zugießen, aufkochen. Suppe mit Salz und Pfeffer abschmecken. Gemüse- und Kartoffelwürfel zufügen. Suppe mit Schmand und Brotwürfeln anrichten, garnieren.

ZUBEREITUNGSZEIT ca. 50 Min.
PORTION ca. 430 kcal
11 g E • 13 g F • 64 g KH

Rosenkohl-Käsesuppe

ZUTATEN FÜR 4 PERSONEN

- **500 g Rosenkohl**
- **250 g Kartoffeln**
- **1 Zwiebel**
- **3–4 Stiele frischer oder ½ TL getrockneter Thymian**
- **1 EL Öl**
- **2 EL Gemüsebrühe (oder 1 l frisch gekochte Gemüsebrühe, s. S. 185)**
- **2 EL Haselnussblättchen**
- **2 Scheiben Roggenbrot**
- **1 EL Butter/Margarine**
- **100 g Sahneschmelzkäse**
- **Salz • Pfeffer • Muskat**

1 Rosenkohl putzen, waschen und die Röschen halbieren. Kartoffeln schälen, waschen und klein schneiden. Zwiebel schälen und würfeln. Thymian waschen und die Blättchen abzupfen.

2 Öl in einem Topf erhitzen. Zwiebel darin andünsten. Kartoffeln, Rosenkohl, Thymian, 1 l Wasser und Brühe zufügen. Alles aufkochen und zugedeckt ca. 20 Minuten garen.

3 Inzwischen Nüsse in einer Pfanne ohne Fett rösten. Herausnehmen. Brot würfeln. Fett in der Pfanne erhitzen. Brot darin knusprig rösten.

4 Suppe fein pürieren. Käse in Flöckchen in der Suppe schmelzen. Suppe mit Salz, Pfeffer und Muskat abschmecken. Mit Nüssen und Croûtons bestreuen.

ZUBEREITUNGSZEIT ca. 50 Min.
PORTION ca. 270 kcal
11 g E • 14 g F • 23 g KH

Extra-Tipp

Raffinierte Garnitur: Lösen Sie von den rohen Rosenkohlröschen einige Blättchen ab und blanchieren Sie diese kurz in kochendem Salzwasser. Zum Schluss über die angerichtete Suppe streuen.

Gemüsetopf mit Kräutercreme

ZUTATEN FÜR 4 PERSONEN

- 250 g Stangensellerie
- 1 Bund Lauchzwiebeln oder 1 Stange Porree
- 2 Fleischtomaten
- 250 g Möhren
- 500 g Kartoffeln
- 1–2 EL Öl
- evtl. 4 TL Gemüsebrühe
- 50 g Parmesan (Stück)
- 1 Knoblauchzehe
- ½ Bund/Töpfchen Thymian
- ½ Bund Petersilie
- 4–6 EL Olivenöl
- Salz • Pfeffer
- 50 g stichfeste saure Sahne

1 Gemüse und Kartoffeln putzen bzw. schälen, waschen. Gesamtes Gemüse klein schneiden. Kartoffeln, bis auf 2 Stück, halbieren oder vierteln.

2 Öl in einem Topf erhitzen. Kartoffeln, Möhren, Sellerie und Lauchzwiebeln darin kurz andünsten. Ca. 1 l Wasser und Brühe zufügen, aufkochen. Zugedeckt ca. 10 Minuten köcheln.

3 Käse reiben. Knoblauch schälen. Kräuter waschen. Alles mit Olivenöl im Universalzerkleinerer fein pürieren.

4 Übrige Kartoffeln direkt in die Suppe reiben. Ca. 5 Minuten weiterköcheln. Tomaten zufügen und erhitzen. Gemüsetopf mit Salz und Pfeffer abschmecken. Mit saurer Sahne und der Kräutercreme anrichten.

ZUBEREITUNGSZEIT ca. 50 Min.
PORTION ca. 370 kcal
11 g E • 21 g F • 31 g KH

Extra-Tipp

Spart Zeit und Arbeit: Die selbst gemachte Kräutercreme durch gekauftes Pesto aus dem Glas ersetzen, mit Sahne mischen.

Herzhafte Tomatensuppe

ZUTATEN FÜR 4 PERSONEN

- 1 Bund Suppengrün
- 1 mittelgroße Zwiebel
- 1 Knoblauchzehe
- 2 EL Öl
- 2 leicht gehäufte EL Mehl
- 2 Dosen (à 425 ml) stückige Tomaten
- evtl. 2 TL Gemüsebrühe
- Salz • etwas Zucker
- Cayennepfeffer oder Pfeffer
- 150 g Crème fraîche

1 Suppengrün putzen bzw. schälen, waschen und fein würfeln. Zwiebel und Knoblauch schälen.

2 Öl in einem Topf erhitzen. Zwiebel und Knoblauch darin glasig dünsten. Suppengrün ca. 5 Minuten mit anbraten. Mehl darüberstäuben und anschwitzen. Tomaten, ½–¾ l Wasser und Brühe einrühren. Alles aufkochen und zugedeckt ca. 15 Minuten köcheln, dabei ab und zu umrühren.

3 Die Suppe mit Salz, Zucker und Cayennepfeffer pikant abschmecken. Crème fraîche als Klecks daraufgeben. Dazu schmeckt Baguette.

ZUBEREITUNGSZEIT ca. 30 Min.
PORTION ca. 270 kcal
8 g E • 18 g F • 18 g KH

Extra-Tipp

Statt der Brotbeilage können Sie auch 80 g Nudeln oder Reis kochen und in die Suppe geben. Geriebener Parmesan anstelle von Crème fraîche verleiht der Suppe eine italienische Note.

Gemüse im Tontopf mit Fetakäse

ZUTATEN FÜR 4 PERSONEN

- 500 g Schwarzwurzeln
- ca. 3 EL Essig
- 750 g Kartoffeln
- 500 g Möhren
- 500 g Wirsing
- 2–3 mittelgroße Tomaten
- 3 mittelgroße Zwiebeln
- 100 g grünes Pesto (Glas)
- Salz • Pfeffer
- 100 g Fetakäse
- 100 ml Gemüsebrühe (z. B. frisch gekocht, s. S. 185)
- evtl. Kräuter zum Garnieren

1 Einen großen Tontopf und den Deckel 10–15 Minuten kalt wässern.

2 Schwarzwurzeln unter fließendem Wasser gut abbürsten. Schälen und sofort in Essigwasser legen. Kartoffeln und Möhren schälen und waschen. Wirsing putzen, waschen und in breite Streifen schneiden. Tomaten waschen und vierteln. Zwiebeln schälen und in Ringe schneiden. Schwarzwurzeln und Möhren in Stücke schneiden. Kartoffeln in Scheiben schneiden.

3 Gemüse im Tontopf mit Pesto gut mischen, mit Salz und Pfeffer würzen. Fetakäse grob würfeln bzw. zerbröckeln und darüber verteilen. Brühe angießen. Tontopf mit Deckel auf den Rost in den kalten Backofen schieben. Bei 200 °C (Umluft: 175 °C/Gas: s. Hersteller) ca. 1 ¼ Stunden backen. Den Deckel abnehmen und alles 10–15 Minuten weitergaren. Abschmecken, garnieren.

ZUBEREITUNGSZEIT ca. 2 Std.
PORTION ca. 410 kcal
14 g E • 19 g F • 42 g KH

Extra-Info

Im Tontopf können Sie Gerichte ohne zusätzliches Fett und mit nur wenig Flüssigkeit schonend zubereiten. Alles gart im eigenen Saft, Aroma und Inhaltsstoffe bleiben optimal erhalten.

Apfel-Curry-Suppe

ZUTATEN FÜR 4 PERSONEN

- 1 mittelgroße Zwiebel
- 1 Stange Porree (Lauch)
- 1 kg säuerliche Äpfel (z.B. Boskop)
- 1–2 TL Zitronensaft
- 2–3 EL Butter/Margarine
- 2 EL + etwas Curry
- 2–3 TL Gemüsebrühe (oder gut ¾ l frisch gekochte Gemüsebrühe, s. S. 185)
- 150 g Crème fraîche
- Salz • Pfeffer • Zucker

1 Zwiebel schälen und fein würfeln. Porree putzen und waschen. Das Weiße vom Porree in dünne Ringe schneiden. Äpfel waschen, vierteln und entkernen. 2 Viertel fein würfeln, mit Zitronensaft beträufeln und zugedeckt beiseite stellen. Rest Äpfel klein schneiden.

2 1–2 EL Fett in einem Topf erhitzen. Zwiebel, Porreeringe und Äpfel darin andünsten. 2 EL Curry darüberstäuben und bei starker Hitze kurz anschwitzen. Mit gut ¾ l Wasser ablöschen, aufkochen und Brühe einrühren. Zugedeckt ca. 10 Minuten köcheln.

3 Porreegrün fein schneiden. 1 EL Fett in einer Pfanne erhitzen. Porree und Apfelwürfel darin kurz andünsten. Suppe mit dem Stabmixer pürieren, nach Belieben durch ein Sieb gießen. 4 TL Crème fraîche beiseite stellen, Rest einrühren. Alles mit Salz, Pfeffer und 1 Prise Zucker abschmecken.

4 Suppe anrichten. Apfel-Porree-Mischung und Rest Crème fraîche darauf verteilen. Mit Curry garnieren.

ZUBEREITUNGSZEIT ca. 45 Min.
PORTION ca. 310 kcal
3 g E • 17 g F • 33 g KH

Suppen zum Einheizen

Als Starter auf dem Buffet oder als Stärkung um Mitternacht sind diese köstlichen Töpfe auf allen Feiern willkommen

Rezept auf Seite 170

Tomatensuppe mit Wurstklößchen

ZUTATEN FÜR 8 PERSONEN

- 4 EL Olivenöl
- 2 ungebrühte feine Bratwürste (à ca. 150 g)
- 1 Zwiebel
- 2 Knoblauchzehen
- 3 EL Tomatenmark
- 2 Dosen (à 850 ml) Tomaten
- 2 EL Gemüsebrühe (oder 800 ml frisch gekochte Gemüsebrühe, s. S. 185)
- Salz • Pfeffer • Zucker
- 2 TL getrocknete italienische Kräuter
- ½ Ciabatta oder 2 Baguettebrötchen
- 100 g Emmentaler (Stück)
- 8 TL Schmand oder Crème fraîche
- Backpapier
- evtl. Kräuter zum Garnieren

1 2 EL Öl in einem Topf erhitzen. Bratwurstmasse als Klößchen direkt aus der Haut ins heiße Öl drücken. Rundherum ca. 5 Minuten braten, herausnehmen.

2 Zwiebel und Knoblauch schälen, hacken. 2 EL Öl im Bratfett erhitzen und beides darin andünsten. Tomatenmark mit anschwitzen. Tomaten samt Saft, 800 ml Wasser und Brühe einrühren. Mit Salz, Pfeffer, 1 Prise Zucker und Kräutern würzen. Aufkochen und zugedeckt ca. 10 Minuten köcheln.

3 Käse reiben. Brot in dünne Scheiben schneiden, auf ein mit Backpapier ausgelegtes Backblech legen. Mit Käse bestreuen, unter dem heißen Backofengrill kurz überbacken, bis der Käse zerläuft. Suppe pürieren, abschmecken und die Klößchen darin erhitzen. Tomatensuppe mit Schmand anrichten, mit Kräutern garnieren. Die Crostini dazureichen.

ZUBEREITUNGSZEIT ca. 40 Min.
PORTION ca. 470 kcal
21 g E • 29 g F • 27 g KH

Pilzsüppchen mit Käsetoast

ZUTATEN FÜR 6–8 PERSONEN

- 30 g getrocknete Steinpilze
- 750 g Champignons
- 2 mittelgroße Zwiebeln
- 1–2 EL Öl
- 1 gestrichener EL Mehl
- 250 g Schlagsahne
- 1 EL Steinpilz-Hefebrühe oder Gemüsebrühe
- ½ Bund/Töpfchen Majoran
- Salz • Pfeffer
- 75–100 g Raclettekäse
- 250 g Schmand
- 1 Eigelb
- 6–8 Scheiben Toastbrot
- Cayennepfeffer
- Backpapier

1 Steinpilze in ½ l lauwarmem Wasser ca. 20 Minuten einweichen. Champignons putzen, waschen und je nach Größe halbieren oder vierteln. Zwiebeln schälen und fein würfeln.

2 Steinpilze abtropfen lassen, Einweichwasser auffangen. Steinpilze hacken. Öl im großen Topf erhitzen. Zwiebeln darin andünsten. Champignons und Steinpilze zugeben, kräftig anbraten. Alles mit Mehl bestäuben, anschwitzen. Einweichwasser, ca. 1 l Wasser, Sahne und Brühe einrühren, aufkochen. Dann zugedeckt ca. 20 Minuten köcheln. Majoran waschen und etwas zum Garnieren beiseite legen, Rest fein hacken. In die Suppe geben und abschmecken.

3 Käse fein reiben und mit Schmand und Eigelb verrühren. Brot goldgelb toasten. Mit Käsecreme bestreichen und mit Cayennepfeffer bestreuen. Auf einem mit Backpapier ausgelegten Blech unter dem heißen Grill oder bei höchster Hitze im Ofen 3–4 Minuten golbraun backen.

4 Suppe anrichten und mit Rest Majoran garnieren. Käsetoast in Streifen schneiden und dazureichen.

ZUBEREITUNGSZEIT ca. 45 Min.
EINWEICHZEIT ca. 20 Min.
PORTION ca. 320 kcal
10 g E • 23 g F • 15 g KH

Schnelle Gyrossuppe

ZUTATEN FÜR 8–10 PERSONEN

- 2 Dosen (à 425 ml) Champignonköpfe oder 500 g kleine Champignons
- 1 mittelgroße Gemüsezwiebel
- 2–3 Knoblauchzehen
- 1 kg fertiges Gyros (Fleischtheke)
- 5–6 EL Öl
- 500 g TK-grüne-Bohnen
- 2 Dosen (à 425 ml) stückige Tomaten
- 1 Flasche (250 ml) Chilisoße
- 3–4 TL klare Brühe
- 1–2 TL getrockneter Oregano
- Salz • Pfeffer
- 200–250 g Fetakäse
- 50 g kleine schwarze Oliven
- evtl. Oregano zum Garnieren

1 Pilze abtropfen lassen. Zwiebel schälen, vierteln und in Streifen schneiden. Knoblauch schälen und hacken. Gyros im heißen Öl portionsweise anbraten und herausnehmen.

2 Zwiebel und Knoblauch im heißen Bratfett anbraten. Gyros, Pilze und Bohnen zugeben. Tomaten zufügen. 1 ½ l Wasser und Chilisoße zugießen, aufkochen. Brühe und Oregano einrühren. Alles zugedeckt 15–20 Minuten köcheln.

3 Suppe abschmecken und anrichten. Feta zerbröckeln, mit Oliven darüberstreuen. Mit Oregano garnieren.

ZUBEREITUNGSZEIT ca. 50 Min.
PORTION ca. 320 kcal
26 g E • 17 g F • 13 g KH

Extra-Tipps

- Für die Party: Mixen Sie das Geschirr ruhig bunt! Auch aus Müslischalen, großen Tassen und Bechern lässt sich Suppe prima löffeln. Freunde helfen bestimmt gern aus.
- Steht das Buffet in der Küche? Dann lassen sich die Suppen gut auf dem Herd warm halten. Für den Tisch oder fürs Buffet eignen sich Warmhalteplatten, Rechauds und stabile große Stövchen.

Partysuppe mit Hackbällchen

ZUTATEN FÜR 8 PERSONEN

- 1 Brötchen (vom Vortag)
- 2 mittelgroße Zwiebeln
- 2 Knoblauchzehen
- 750 g gemischtes Hack
- 1 Ei
- Salz • Pfeffer • Chilipulver • Zucker
- 1 Glas (370 ml) Silberzwiebeln
- 500 g Möhren
- 1 Salatgurke oder 2 mittelgroße Zucchini
- 2 EL Öl
- 2 Packungen (à 500 g) passierte Tomaten
- 1 EL klare Brühe (oder ½ l frisch gekochte Rinderbrühe, s. S. 185)
- ½ Bund Petersilie
- 150 g Crème fraîche
- evtl. 1 EL Pesto (Glas) und Bio-Zitrone

1 Brötchen kalt einweichen. Zwiebeln und Knoblauch schälen, fein würfeln. Brötchen ausdrücken. Mit Hack, Ei, je Hälfte Zwiebeln und Knoblauch verkneten. Mit Salz und Pfeffer kräftig würzen. Zu Bällchen formen.

2 Silberzwiebeln abtropfen lassen. Möhren schälen. Möhren und Gurke waschen und fein würfeln.

3 Öl im großen Topf erhitzen. Bällchen darin ca. 5 Minuten rundherum anbraten. Herausnehmen. Rest Zwiebeln, Knoblauch und Möhren im heißen Bratfett andünsten. Tomaten, ½ l Wasser und Brühe einrühren. Aufkochen und zugedeckt 15–20 Minuten köcheln.

4 Bällchen, Silberzwiebeln und Gurke in der Suppe erhitzen. Petersilie waschen und etwas zum Garnieren beiseite legen, Rest hacken. Suppe nochmals abschmecken. Mit Crème fraîche, Petersilie, Pesto und Zitrone anrichten. Dazu passen Tortillachips.

ZUBEREITUNGSZEIT 1 ¼ Std.
PORTION ca. 330 kcal
23 g E • 19 g F • 15 g KH

Chilisuppe mit Hack

ZUTATEN FÜR 8 PERSONEN

- 2 Gemüsezwiebeln
- 2 Stangen Porree (Lauch)
- 500–600 g Zucchini
- 1–2 Chilischoten
- 3 EL Öl
- 800 g gemischtes Hack
- Salz • Pfeffer
- 2 EL Tomatenmark
- 2 EL Mehl
- 2 Dosen (à 850 ml) Tomaten
- evtl. 2 TL klare Brühe
- 1–2 Lorbeerblätter
- 1 große Stange Zimt
- evtl. 2 Sternanis
- 1–2 EL Essig

1 Zwiebeln schälen, würfeln. Gemüse putzen, waschen und in Ringe bzw. Stücke schneiden. Chili längs einritzen, entkernen, waschen und fein hacken.

2 2 EL Öl in einem großen Topf erhitzen. Zwiebeln glasig dünsten. Hack zugeben und krümelig braten, herausnehmen. 1 EL Öl im Bratfett erhitzen. Gemüse darin andünsten. Mit Salz und Pfeffer würzen. Tomatenmark einrühren, Mehl darüberstäuben und beides anschwitzen. Hack wieder zugeben.

3 ½ l Wasser und Tomaten einrühren. Tomaten etwas zerdrücken, alles aufkochen. Brühe, Chili, Lorbeer, Zimt und Anis zufügen. Zugedeckt ca. 20 Minuten köcheln. Mit Salz, Pfeffer und Essig abschmecken. Dazu passt Bauernbrot.

ZUBEREITUNGSZEIT ca. 50 Min.
PORTION ca. 380 kcal
25 g E • 23 g F • 15 g KH

Extra-Tipp

Wenn Sie die Suppe für die Party schon länger vorher vorbereiten möchten, frieren Sie sie am besten ein. Zucchini dann lieber frisch zugeben.

Zwiebel-Sahnesuppe

ZUTATEN FÜR 8 PERSONEN

- 1 kg Zwiebeln
- 3 EL Öl
- 2 EL Mehl
- ¼ l Weißwein
- 3 EL Gemüsebrühe (oder 1 ½ l frisch gekochte Gemüsebrühe, s. S. 185)
- 1–2 TL getrockneter Majoran
- 250 g Schlagsahne
- 250 g geriebener Gouda
- 1–2 EL Senf (z. B. Dijonsenf)
- Salz • Pfeffer

1 Zwiebeln schälen und in Ringe schneiden. Im heißen Öl glasig dünsten. Mit Mehl bestäuben und kurz anschwitzen. Unter Rühren mit Wein und ca. 1 ½ l Wasser ablöschen. Brühe und Majoran zufügen, aufkochen und zugedeckt ca. 15 Minuten köcheln.

2 Sahne und Käse zur Suppe geben. Mit Senf, Salz und Pfeffer abschmecken. Dazu passen knusprige Blätterteigstangen oder Brot.

ZUBEREITUNGSZEIT ca. 50 Min.
PORTION ca. 330 kcal
14 g E • 23 g F • 10 g KH

Extra-Tipps

- Wenn Sie sich die Arbeit erleichtern möchten, nehmen Sie große Zwiebeln oder die milderen Gemüsezwiebeln. Man kann sie schneller schälen und bequemer auf dem Gurkenhobel in Ringe hobeln als kleine Zwiebeln.
- Statt Gouda können Sie auch Sahneschmelzkäse verwenden. Diesen in Flöckchen in die Suppe rühren.

Feurige Kartoffelsuppe mit Paprika

ZUTATEN FÜR 6–8 PERSONEN

- 2 mittelgroße Zwiebeln
- 2 kg Kartoffeln
- 2 Paprikaschoten (z. B. grün)
- 1 Chilischote oder etwas Chilipulver
- 2 EL Öl
- 3 EL Gemüsebrühe (oder gut 2 l frisch gekochte Gemüsebrühe, s. S. 185)
- 2 Dosen (à 425 ml) Maiskörner
- 75–100 g Frühstücksspeck (Bacon)
- Salz • Pfeffer

1 Zwiebeln und Kartoffeln schälen. Paprika putzen und waschen. Alles in kleine Würfel schneiden. Chili längs einritzen, entkernen, waschen und hacken.

2 Öl in einem großen Topf erhitzen. Zwiebeln, Kartoffeln und Paprika darin andünsten. Gut 2 l Wasser, Chili und Brühe zufügen. Alles aufkochen und zugedeckt ca. 25 Minuten köcheln.

3 Mais abtropfen lassen. Nach ca. 15 Minuten in die Suppe geben und mitgaren. Speck in Stücke schneiden und ohne zusätzliches Fett knusprig braten. Auf Küchenpapier abtropfen lassen. Speckfett evtl. in die Suppe rühren. Mit Salz und Pfeffer abschmecken und mit dem Speck anrichten.

ZUBEREITUNGSZEIT ca. 1 Std.
PORTION ca. 290 kcal
9 g E • 7 g F • 47 g KH

Extra-Tipp

Die Partysuppe können Sie prima schon am Vortag kochen. Sie lässt sich auch gut einfrieren. Den Speck sollten Sie dann erst kurz vorm Anrichten braten.

Mexikanischer Geflügeltopf

ZUTATEN FÜR 6 PERSONEN

- 1 Gemüsezwiebel
- 2 Knoblauchzehen
- 3 Paprikaschoten (z. B. grün, gelb und rot)
- 1–2 rote Chilischoten oder Chilipulver
- 4 Hähnchenfilets (ca. 600 g)
- 750 g Kartoffeln
- 3–4 EL Öl
- Salz • Pfeffer • Zucker
- 2 EL Tomatenmark
- 2–3 TL Hühnerbrühe (oder ½ l frisch gekochte Hühnerbrühe, s. S. 185)
- evtl. 1–2 Lorbeerblätter
- 2 Dosen (à 425 ml) Kidneybohnen
- 2 Dosen (à 425 ml) stückige Tomaten

1 Zwiebel und Knoblauch schälen, würfeln. Paprika putzen, waschen und würfeln. Chili längs einritzen, entkernen, waschen und fein schneiden. Fleisch waschen, trocken tupfen und in Würfel schneiden. Kartoffeln schälen, waschen und grob würfeln.

2 Öl im großen Topf erhitzen. Fleisch darin rundherum kräftig anbraten. Mit Salz und Pfeffer würzen, herausnehmen. Zwiebel und Knoblauch im Bratfett anbraten. Kartoffeln, Paprika und Chili kurz mitbraten. Tomatenmark kurz mit anschwitzen. ½ l Wasser, Brühe und Lorbeer zufügen. Alles aufkochen und zugedeckt ca. 20 Minuten köcheln.

3 Bohnen abspülen, abtropfen lassen. Mit Tomaten und Fleisch in den Eintopf rühren. Aufkochen und zugedeckt ca. 10 Minuten weiterköcheln. Mit Salz, Pfeffer und 1 Prise Zucker abschmecken. Dazu passen Tortillachips.

ZUBEREITUNGSZEIT ca. 1 Std.
PORTION ca. 350 kcal
36 g E • 6 g F • 37 g KH

Lauchcremesuppe mit Croûtons

ZUTATEN FÜR 8 PERSONEN

- 1 kg Porree (Lauch)
- 6 leicht gehäufte EL Butter/Margarine
- 2 gehäufte EL Mehl
- 1 l Milch
- 2–3 EL Gemüsebrühe (oder ½ l frisch gekochte Gemüsebrühe, s. S. 185)
- 2 dicke Scheiben (à ca. 150 g) Fleisch- oder Leberkäse
- 4 Scheiben Bauernbrot
- Salz • Pfeffer • Muskat
- 8 Holzspießchen

1 Porree putzen, waschen und in Ringe schneiden. In 4 EL heißem Fett ca. 3 Minuten andünsten. Mit Mehl bestäuben, kurz anschwitzen. ½ l Wasser, Milch und Brühe einrühren, aufkochen. Alles zugedeckt ca. 15 Minuten köcheln. Dabei ab und zu umrühren.

2 Fleischkäse und Brot klein würfeln. Etwas zum Garnieren beiseite legen, Rest abwechselnd auf Spießchen stecken. Spieße und übrige Würfel in 2 EL heißem Fett rundherum goldbraun braten. Die Suppe mit Salz und Pfeffer abschmecken. Mit Croûtons und Spießchen anrichten.

ZUBEREITUNGSZEIT ca. 45 Min.
PORTION ca. 310 kcal
12 g E • 21 g F • 17 g KH

Extra-Tipp

Noch Fleischwurst im Vorrat? Dann einfach statt Fleischkäse aufspießen. Sie können auch nur Brot nehmen. Evtl. etwas Knoblauch im heißen Fett mitrösten.

Tomaten-Paprika-Suppe

ZUTATEN FÜR 8 PERSONEN

- 4 mittelgroße Zwiebeln
- evtl. 3 Knoblauchzehen
- 4 Paprikaschoten (z. B. grün und gelb)
- 200 g grüne Bohnen (frisch oder TK)
- 500 g Kartoffeln
- 2 EL Öl (z. B. Olivenöl)
- 2–3 EL Gemüsebrühe (oder 1 l frisch gekochte Gemüsebrühe, s. S. 185)
- 1 Dose (850 ml) Tomaten
- 1 TL Kümmel
- 2 TL getrockneter Oregano
- 300 g Mettwürstchen oder Kabanossi
- Salz • Pfeffer
- evtl. etwas Petersilie zum Garnieren

1 Zwiebeln und Knoblauch schälen. Zwiebeln halbieren und in halbe Ringe schneiden. Knoblauch hacken. Paprika und Bohnen putzen, waschen und in Stücke schneiden. Kartoffeln schälen, waschen und würfeln.

2 Öl in einem Topf erhitzen. Zwiebeln und Knoblauch kurz darin andünsten. Paprika, Bohnen und Kartoffeln zugeben und mit andünsten.

3 1 l Wasser und Brühe zufügen. Aufkochen und ca. 10 Minuten garen. Tomaten mit Saft zugießen. Im Topf etwas zerkleinern. Kümmel und Oregano einrühren. Aufkochen und zugedeckt ca. 10 Minuten weitergaren.

4 Würstchen in Scheiben schneiden. Zur Suppe geben und 3–4 Minuten köcheln. Mit Salz und Pfeffer abschmecken. Anrichten und mit Petersilie garnieren.

ZUBEREITUNGSZEIT ca. 50 Min.
PORTION ca. 280 kcal
16 g E • 22 g F • 20 g KH

Currywurstsuppe mit „Pommes“

ZUTATEN FÜR 8–10 PERSONEN

- 1 Gemüsezwiebel (ca. 350 g)
- 600 g Brat- oder Currywurst
- 3–4 EL Öl
- ca. 2 EL Curry
- 4 TL klare Brühe (oder ¾ l frisch gekochte Rinderbrühe, s. S. 185)
- 2 Packungen (à 500 g) passierte Tomaten
- Salz • Pfeffer
- ca. 2 EL brauner Zucker
- 125 g Curryketchup
- ca. 300 g Schmand
- 1 Beutel (100 g) Kartoffelsticks

1 Zwiebel schälen und würfeln. Würste in Scheiben schneiden. Im heißen Öl anbraten, herausnehmen. Zwiebel im Bratfett andünsten, Curry darüberstäuben und kurz anschwitzen. ¾ l Wasser, Brühe und Tomaten samt Saft einrühren. Mit Salz, Pfeffer und Zucker abschmecken. Zugedeckt 8–10 Minuten köcheln.

2 Suppe pürieren und Ketchup einrühren. Wurst darin erhitzen. Suppe abschmecken. Mit Schmand und Sticks anrichten. Mit Curry bestäuben.

ZUBEREITUNGSZEIT ca. 40 Min.
PORTION ca. 430 kcal
11 g E • 33 g F • 18 g KH

Löffelweise Abkühlung

Kaltschalen sind im Sommer eine herzhafte Erfrischung. Im Winter schmecken sie mit Früchten zubereitet auch als Dessert

Rezept auf Seite 175

Geeiste Gurkensuppe mit Garnelen

ZUTATEN FÜR 4 PERSONEN

- 8–12 rohe Garnelen (frisch oder TK; ohne Kopf und Schale; 100–125 g)
- ½ Bund/Töpfchen Basilikum
- 1 große Salatgurke
- 500 g Vollmilchjoghurt
- Saft von ca. ½ Limette oder Zitrone
- Salz • Pfeffer • Zucker
- 1 EL Öl
- evtl. etwas milde rote Peperoni

1 TK-Garnelen auftauen lassen. Basilikum waschen und Hälfte in Streifen schneiden. Gurke schälen, längs halbieren, entkernen und in Stücke schneiden. Gurke und Rest Basilikum pürieren. Joghurt unterrühren. Mit Limettensaft, Salz, Pfeffer und 1 Prise Zucker abschmecken. Mind. 4 Stunden kühlen.

2 Garnelen am Rücken längs einschneiden und den dunklen Darm entfernen. Garnelen waschen und trocken tupfen. Im heißen Öl bei mittlerer Hitze pro Seite ca. 2 Minuten braten. Peperoni putzen, entkernen, waschen und fein schneiden. Die Suppe mit den Garnelen anrichten. Basilikumstreifen und Peperoni darüberstreuen. Dazu passt Baguette.

ZUBEREITUNGSZEIT ca. 25 Min.
AUFTAUZEIT ca. 1 Std.
KÜHLZEIT mind. 4 Std.
PORTION ca. 150 kcal
10 g E • 8 g F • 8 g KH

Extra-Tipp

Praktisch sind tiefgefrorene Garnelen wie große „King Prawns", die es auch bereits geschält, blanchiert und glasiert gibt. Man kann sie prima einzeln aus der Packung nehmen. Nur auftauen und kurz braten.

Kalte Tomatensuppe mit Grissini

ZUTATEN FÜR 4 PERSONEN

- 1 Packung (400 g) frischer Blechpizzateig (Kühlregal)
- 2 EL + 2 TL Olivenöl
- grobes Salz • Pfeffer
- 1,2 kg reife Tomaten
- 1 Bio-Zitrone
- 1–2 EL flüssiger Honig
- 4 Stiele Basilikum
- 2–3 EL Weißweinessig
- 150 g Ziegenfrischkäse
- Backpapier

1 Pizzateig entrollen, mit 2 EL Öl beträufeln und mit grobem Salz bestreuen. Teig in ca. 24 Streifen schneiden und die Teigenden gegeneinander verdrehen. Stangen auf ein mit Backpapier ausgelegtes Backblech legen. Im vorgeheizten Backofen (E-Herd: 225 °C/Umluft: 200 °C/Gas: s. Hersteller) ca. 10 Minuten knusprig backen.

2 Für die Suppe Tomaten waschen und grob würfeln. Zitrone heiß waschen, abtrocknen und die Schale dünn abreiben. Zitrone halbieren und auspressen. Tomaten, Honig, Zitronenschale und 4 EL Zitronensaft fein pürieren.

3 Basilikum waschen, trocken schütteln. Die Blättchen in feine Streifen schneiden und einige in die Suppe rühren. Suppe mit Essig, Salz und Pfeffer abschmecken. Bis zum Servieren kalt stellen.

4 Ziegenkäse evtl. mit einem Eisportionierer zu kleinen Bällchen formen. Suppe in Schalen oder Tassen anrichten und mit je ½ TL Öl beträufeln. Je 2 Pizzastangen und 1 Käsebällchen darauf anrichten. Mit restlichem Basilikum bestreuen. Übrige Pizzastangen dazureichen.

ZUBEREITUNGSZEIT ca. 25 Min.
BACKZEIT ca. 10 Min.
PORTION ca. 280 kcal
7 g E • 14 g F • 30 g KH

Joghurt-Gurken-Kaltschale

ZUTATEN FÜR 4 PERSONEN

- 1 mittelgroße Salatgurke
- Salz • Pfeffer
- 1 Dose (212 ml) Maiskörner
- evtl. 1 kleine Zwiebel
- 75 g Kasseleraufschnitt oder Kochschinken
- ½ Bund Dill
- 500 g Vollmilchjoghurt
- evtl. 5 EL (50 ml) Mineralwasser mit Kohlensäure
- 1–2 EL Zitronensaft
- evtl. Zucker

1 Gurke waschen oder schälen und raspeln. Mit ca. ¼ TL Salz mischen und zugedeckt ca. 30 Minuten ziehen lassen.

2 Mais abtropfen lassen. Zwiebel schälen und fein würfeln. Aufschnitt in feine Würfel schneiden. Mit Zwiebel und Mais mischen. Dill waschen und etwas zum Garnieren beiseite legen, Rest fein schneiden.

3 Joghurt, Dill, Gurkenraspel samt Flüssigkeit und Mineralwasser verrühren. Mit Pfeffer, Zitronensaft und 1 Prise Zucker abschmecken. Mit der Maismischung anrichten und mit Rest Dill garnieren.

ZUBEREITUNGSZEIT ca. 20 Min.
WARTEZEIT ca. 30 Min.
PORTION ca. 150 kcal
10 g E • 6 g F • 12 g KH

Extra-Tipps

- Diese Kaltschale passt auch prima auf ein Sommerbuffet. Damit sie längere Zeit schön kalt bleibt, die Schüssel am besten in ein Bett aus Eiswürfeln setzen.
- Für eine Variante ohne Fleisch: Statt Kasseleraufschnitt Räucherlachs, Krabben oder rote Paprikawürfel nehmen.

Kühles Erbsen-Minz-Süppchen

ZUTATEN FÜR 4 PERSONEN

- 1 mittelgroße Zwiebel
- 300 g TK-Erbsen
- 3 EL Öl (z.B. Olivenöl)
- Salz • Pfeffer • Zucker
- 2 TL Gemüsebrühe
- 4 Stiele Minze
- 1 Zweig Rosmarin
- 4 dünne Scheiben Baguette (z.B. Zwiebelbaguette)
- 2–3 EL (50 g) cremiger Joghurt
- 500 g kalte Buttermilch

1 Zwiebel schälen und hacken. Gefrorene Erbsen und Zwiebel in einem Topf in 1 EL heißem Öl andünsten. Mit Salz und Pfeffer würzen. ¼ l Wasser und Brühe zufügen, aufkochen. Alles zugedeckt ca. 10 Minuten köcheln. Suppe pürieren, auskühlen lassen und zugedeckt kalt stellen.

2 Minze und Rosmarin waschen, trocken schütteln. 1–2 Stiele von der Minze beiseite legen. Von übrigen Kräutern Blättchen bzw. Nadeln abzupfen. 2 EL Öl in einer Pfanne erhitzen. Rosmarin und Brot darin zusammen rösten.

3 Joghurt mit Salz und 1 Prise Zucker würzen. Buttermilch und Minze in die Suppe rühren, pürieren. Abschmecken. In eiskalten Gläsern anrichten. Mit Joghurt und Rest Minze garnieren. Das Brot dazureichen.

ZUBEREITUNGSZEIT ca. 35 Min.
AUSKÜHL-/KÜHLZEIT mind. 5 Std.
PORTION ca. 220 kcal
10 g E • 9 g F • 23 g KH

Erdbeerkaltschale mit Schneeklößchen

ZUTATEN FÜR 4 PERSONEN

- **500 g Erdbeeren**
- **½ l Fruchtsaft (z. B. Apfel- oder Traubensaft)**
- **1 Stück Bio-Zitronenschale**
- **3–4 EL Zucker**
- **1 Päckchen Soßenpulver „Vanille" (zum Kochen; für ½ l Milch)**
- **2 EL Mandelblättchen**
- **1 frisches Eiweiß**
- **Salz**

1 Erdbeeren waschen, putzen und vierteln. Die Hälfte mit dem Stabmixer pürieren. Fruchtsaft, Zitronenschale und 2 EL Zucker aufkochen. Soßenpulver mit 3 EL Wasser anrühren. In den Saft rühren, aufkochen und ca. 1 Minute köcheln. Erdbeerpüree einrühren. Abkühlen lassen und mind. 1 Stunde kalt stellen. Mandeln ohne Fett rösten, abkühlen lassen.

2 Eiweiß und 1 Prise Salz sehr steif schlagen, dabei 1–2 EL Zucker einrieseln lassen. Ca. 1 l Wasser in einem weiten Topf aufkochen, vom Herd nehmen. Von dem Eischnee mit zwei Teelöffeln Klößchen abstechen und auf das siedende Wasser legen. Zugedeckt 4–5 Minuten gar ziehen lassen. Schneeklößchen mit einer Schaumkelle herausheben und abtropfen lassen.

3 Zitronenschale aus der Kaltschale entfernen. Übrige Erdbeeren darunterrühren. Evtl. nochmals mit Zucker abschmecken. Die Schneeklößchen in den Mandeln wenden und auf der Erdbeerkaltschale anrichten.

ZUBEREITUNGSZEIT ca. 20 Min.
ABKÜHL-/KÜHLZEIT mind. 1 ½ Std.
PORTION ca. 230 kcal
3 g E · 4 g F · 45 g KH

Kokosnocken in Pfirsichpüree

ZUTATEN FÜR 4 PERSONEN

- 1 Dose (850 ml) Pfirsiche
- 3 EL Zitronensaft
- ¼ l heller Traubensaft
- 4 EL (40 g) Kokosraspel
- ¼ l Milch
- 2 EL Zucker
- 1 TL Vanillinzucker
- Salz
- 80 g Weizengrieß
- 1 Ei (Gr. M)
- evtl. Minze zum Verzieren

1 Pfirsiche abgießen, Saft dabei auffangen. 1 Pfirsichhälfte fein würfeln. Rest Pfirsiche grob schneiden und mit dem Pfirsichsaft fein pürieren. Zitronen- und Traubensaft unterrühren. Kalt stellen.

2 Kokosraspel im Topf ohne Fett goldgelb rösten und herausnehmen. Milch, Zucker, Vanillinzucker und 1 Prise Salz aufkochen. Grieß einrühren, nochmals aufkochen und bei schwacher Hitze zugedeckt ca. 5 Minuten quellen lassen. Vom Herd nehmen.

3 Ei verquirlen, unter den heißen Grieß rühren. Mit zwei angefeuchteten Teelöffeln daraus ca. 12 Nocken formen. Sofort in 3 EL Kokosraspeln wenden und evtl. abkühlen lassen. Pfirsichpüree mit Nocken anrichten. Mit restlichen Kokosraspeln bestreuen und verzieren.

ZUBEREITUNGSZEIT ca. 30 Min.
PORTION ca. 390 kcal
8 g E · 14 g F · 56 g KH

Extra-Tipp

Statt mit Kokosraspeln kann man die Grießnocken auch anders „panieren": Lecker schmeckt's z. B. mit Haselnusskrokant oder fein gehackten Mandeln.

Apfelsuppe mit Schneeklößchen

ZUTATEN FÜR 4 PERSONEN

- 750 g säuerliche Äpfel (z.B. Boskop)
- 2–3 EL Zitronensaft
- 6 EL Zucker
- ¾ l klarer Apfelsaft
- evtl. 1–2 Stiele Thymian
- 1–2 Zimtstangen
- 1 EL Speisestärke
- 2 frische Eiweiß
- 8 TL Preiselbeeren (Glas)
- evtl. gemahlener Zimt

1 Äpfel waschen, vierteln, entkernen und in Spalten schneiden. Mit Zitronensaft mischen. 4 EL Zucker und ca. 2 EL Wasser in einem Topf goldbraun karamellisieren. Mit Apfelsaft ablöschen. Thymian und Zimtstangen zufügen. Unter Rühren so lange köcheln, bis sich der Zucker gelöst hat.

2 Apfelspalten zufügen und ca. 3 Minuten garen. Stärke und 2 EL Wasser glatt rühren. In die Suppe rühren, aufkochen und ca. 1 Minute köcheln. Die Suppe auskühlen lassen. Kalt stellen.

3 Eiweiß steif schlagen. Dabei 2 EL Zucker einrieseln lassen. Wasser in einem weiten Topf aufkochen. Mit zwei Esslöffeln aus dem Eischnee Klößchen formen und auf das leicht siedende Wasser setzen. Zugedeckt 4–6 Minuten gar ziehen lassen.

4 Die Klößchen mit einer Schaumkelle herausnehmen und abtropfen lassen. Apfelsuppe mit Schneeklößchen, Preiselbeeren und Zimt anrichten.

ZUBEREITUNGSZEIT ca. 40 Min.
AUSKÜHL-/KÜHLZEIT ca. 1 Std.
PORTION ca. 280 kcal
3 g E · 1 g F · 63 g KH

Wassermelonen-Gazpacho

ZUTATEN FÜR 4 PERSONEN

- 2 kg Wassermelone
- 2–3 EL Zitronensaft
- 1 Päckchen Vanillinzucker
- 3 EL Mandelblättchen
- 250 g Johannisbeeren (z. B. schwarze)
- 250 g reife Aprikosen
- 50 g Minikokoszwieback
- ¼ l gekühlter roter Traubensaft
- 150 g Crème fraîche
- 2–3 EL Orangensaft
- evtl. 1–2 EL Zucker
- Zitronenmelisse zum Verzieren

1 Melone in Spalten schneiden und 250 g beiseite legen. Das Fruchtfleisch entkernen und grob würfeln. Mit Zitronensaft und Vanillinzucker in eine große Schüssel geben und mit einem Stabmixer fein pürieren. Zugedeckt ca. 30 Minuten kalt stellen.

2 Mandeln in einer Pfanne ohne Fett goldbraun rösten, herausnehmen. Johannisbeeren waschen, von den Stielen streifen und abtropfen lassen. Aprikosen waschen, halbieren, entsteinen und in Spalten schneiden. Zwieback zerbröckeln. Übrige Melone entkernen, von der Schale schneiden und sehr fein würfeln.

3 Melonenpüree mit Traubensaft verrühren und Melonenwürfel zufügen. Crème fraîche und Orangensaft verrühren. Mit Zucker abschmecken. Melonen-Gazpacho mit je 1 Klecks Crème fraîche anrichten. Mit Melisse verzieren. Aprikosen, Johannisbeeren, Mandelblättchen und Zwieback auf die Gazpacho streuen.

ZUBEREITUNGSZEIT ca. 35 Min.
KÜHLZEIT ca. 30 Min.
PORTION ca. 400 kcal
7 g E · 20 g F · 46 g KH

Beeren-Smoothie

ZUTATEN FÜR 4 PERSONEN

- 400–500 g gemischte Beeren (z. B. Himbeeren, Brombeeren und rote Johannisbeeren)
- 1 Päckchen Vanillinzucker
- 75 g + etwas Puderzucker
- 400 g Dickmilch
- 250 g Sahnequark (40 % Fett)
- 1–2 EL Zitronensaft
- evtl. Minze zum Verzieren

1 Beeren verlesen und waschen. 4 Johannisbeerrispen zum Verzieren beiseite legen. Rest Johannisbeeren von den Stielen streifen.

2 Himbeeren, Johannisbeeren, Vanillinzucker und 75 g Puderzucker in einem hohen Rührbecher pürieren und 4 EL Püree beiseite stellen.

3 Dickmilch, Quark und Zitronensaft verrühren. Beerenpüree und Brombeeren unterrühren. Mit Puderzucker abschmecken. In Schälchen oder Gläser verteilen. Rest Püree darauf verteilen. Mind. 30 Minuten kalt stellen. Mit Minze und Johannisbeerrispen verzieren.

ZUBEREITUNGSZEIT ca. 20 Min.
KÜHLZEIT mind. 30 Min.
PORTION ca. 280 kcal
12 g E · 11 g F · 32 g KH

Extra-Info

Frische Früchte der Saison und eisgekühlte Milchprodukte sind die Basis für leckere Smoothies. Beides wird fein püriert und mit Zucker abgeschmeckt. Der Name leitet sich von ihrer Konsistenz (engl. smooth = cremig) ab. Schmecken als Dessert oder als kleine Erfrischung.

Kirsch-Kaltschale mit Quarkklößchen

ZUTATEN FÜR 4 PERSONEN

- 4 Scheiben Toastbrot
- 1 Bio-Zitrone
- 250 g Magerquark
- 1 Ei (Gr. M)
- 4 EL Zucker
- 4 EL Mehl
- 750 g Kirschen
- evtl. 1 kleine Zimtstange
- 1 Päckchen Puddingpulver „Vanille“ (zum Kochen; für ½ l Milch)
- 2 EL Butter/Margarine
- Puderzucker zum Bestäuben

1 Toast entrinden und fein würfeln. Zitrone waschen, von der Schale 1 Stück abschneiden. Zitrone auspressen. Toast, Quark, Ei, 2 EL Zucker, Mehl und Hälfte Zitronensaft verkneten. Masse ca. 30 Minuten kalt stellen.

2 Kirschen waschen, entstielen und entsteinen. 1 l Wasser, Zimtstange, 2 EL Zucker, Zitronenschale und Rest Saft aufkochen. Kirschen zugeben und ca. 5 Minuten köcheln. Puddingpulver mit 4 EL Wasser anrühren. In die Kirschen rühren, aufkochen. Kirschen auskühlen lassen. Zimtstange entfernen.

3 Aus der Quarkmasse mit zwei Esslöffeln ca. 12 Klößchen formen. In einer Pfanne im heißen Fett bei mittlerer Hitze von jeder Seite 4–5 Minuten goldbraun braten. Kaltschale mit den Klößchen anrichten. Mit Puderzucker bestäuben.

ZUBEREITUNGSZEIT ca. 45 Min.
KÜHL-/AUSKÜHLZEIT ca. 1 Std.
PORTION ca. 370 kcal
14 g E · 8 g F · 59 g KH

Aprikosen-Himbeer-Kaltschale

ZUTATEN FÜR 4 PERSONEN

- 400 g reife Aprikosen
- 300 ml Apfelsaft
- 300 ml Aprikosennektar
- Saft von ½ Zitrone
- 2 gehäufte EL Zucker
- 1 Päckchen Vanillinzucker
- 100 g Himbeeren
- 4 EL (ca. 30 g) Amarettini (ital. Mandelgebäck)
- evtl. Melisse zum Verzieren

1 Aprikosen waschen, halbieren und entsteinen. Den gesamten Saft, Zucker und Vanillinzucker aufkochen. Aprikosen 3–4 Minuten darin köcheln. Nach ca. 2 Minuten die Hälfte Aprikosen herausheben.

2 Aprikosen im Saft pürieren. Die Kaltschale erst bei Zimmertemperatur auskühlen lassen, dann mind. 3 Stunden in den Kühlschrank stellen.

3 Himbeeren verlesen, waschen und abtropfen lassen. Übrige Aprikosen evtl. in Spalten schneiden, mit Himbeeren in die Kaltschale geben. Amarettini zerbröseln und darüberstreuen. Mit Melisseblättchen verzieren.

ZUBEREITUNGSZEIT ca. 30 Min.
AUSKÜHL-/KÜHLZEIT mind. 4 Std.
PORTION ca. 160 kcal
2 g E · 1 g F · 35 g KH

Extra-Tipps

- Achten Sie beim Kauf auf reife Aprikosen, nur sie sind weich und vollaromatisch. Falls nicht ganz ausgereifte Früchte dabei sind, etwas länger köcheln.
- Kaltschalen gut gekühlt servieren. Dazu am besten erst im kalten Wasserbad (evtl. mit Eiswürfeln) abkühlen lassen, dann im Kühlschrank durchkühlen.

Geschmack von Anfang an

Fonds und klare Brühen bilden die Basis für ein gutes Süppchen. Wir zeigen Ihnen hier, wie man sie richtig kocht

Hausgemachte Brühen sind eine tolle Grundlage

Zugegeben, diese feinen Fonds machen etwas mehr Mühe, als Instantbrühe aufzulösen. Aber die Arbeit wird belohnt durch einen unvergleichlichen Geschmack

Gemüsebrühe

Rinderbrühe

Hühnerbrühe

Fischfond

Gemüsebrühe

ZUTATEN FÜR CA. 1 LITER

- 2 Möhren
- evtl. 3 Petersilienwurzeln
- 400 g Knollensellerie
- 1 große Stange Porree (Lauch)
- 100 g Champignons
- 2 mittelgroße Zwiebeln
- 2 Knoblauchzehen
- 1 Bund Petersilie
- 2–3 EL Öl • Salz
- 2–3 Lorbeerblätter
- 1 TL schwarze Pfefferkörner
- 3 Gewürznelken

1 Möhren, Petersilienwurzeln und Sellerie schälen, waschen, klein schneiden. Porree putzen, waschen und in Ringe schneiden. Pilze putzen, waschen und halbieren. Zwiebeln und Knoblauch schälen, grob würfeln. Petersilie waschen.

2 Öl in einem Topf erhitzen. Gemüse, Pilze, Zwiebeln und Knoblauch darin anbraten. 1 ½ l Wasser, Petersilie, ca. 1 TL Salz und Gewürzzutaten zugeben, aufkochen. Alles offen 35–45 Minuten köcheln. Brühe durch ein mit einem Mulltuch ausgelegtes Sieb abseihen.

Rinderbrühe

ZUTATEN FÜR CA. 1 LITER

- 2 Möhren
- 200 g Knollensellerie
- 1 Stange Porree (Lauch)
- 2 Zwiebeln • 2 Knoblauchzehen
- 1 Bund Petersilie
- 500 g Rindfleisch zum Kochen (z.B. Beinscheiben oder s.u.)
- 2 Rindermarkknochen
- Salz • 2 Lorbeerblätter
- 1 TL schwarze Pfefferkörner
- 3 Gewürznelken

1 Möhren, Sellerie und Porree schälen bzw. putzen, waschen und klein schneiden. Zwiebeln und Knoblauch halbieren. Petersilie waschen. Fleisch und Knochen waschen.

2 Topf erhitzen. Zwiebeln und Knoblauch darin auf der Schnittfläche anbraten. 2 l Wasser, ca. 1 TL Salz, Fleisch, Knochen, Petersilie und Gewürzzutaten zugeben, aufkochen. Alles offen ca. 1 Stunde garen. Ab und zu abschäumen.

3 Gemüse zugeben und alles ca. 1 Stunde weitergaren. Brühe durch ein mit einem Mulltuch ausgelegtes Sieb abseihen und entfetten (s. u.).

Hühnerbrühe

ZUTATEN FÜR CA. 1 LITER

- 1 küchenfertiges Hähnchen oder Suppenhuhn (1–1,5 kg)
- 2 Möhren
- 200 g Knollensellerie
- 1 Stange Porree (Lauch)
- 2 mittelgroße Zwiebeln
- 2–3 Stiele Petersilie
- Salz
- 2 Lorbeerblätter
- 1 TL weiße Pfefferkörner

1 Huhn innen und außen waschen. Möhren und Sellerie schälen, waschen und in Stücke schneiden. Porree putzen, waschen, in Ringe schneiden. Zwiebeln schälen, grob würfeln. Petersilie waschen.

2 Suppenhuhn, ca. 1 TL Salz, Zwiebeln, Petersilie und Gewürzzutaten in einen Topf geben und mit gut 2 l kaltem Wasser bedecken. Aufkochen, alles offen ca. 1 Stunde köcheln, dabei öfter abschäumen.

3 Gemüse zugeben und ca. 45 Minuten weitergaren. Brühe durch ein mit einem Mulltuch ausgelegtes Sieb abseihen und entfetten (s. u.).

Fischfond

ZUTATEN FÜR CA. 1,5 LITER

- 1 Stange Porree (Lauch)
- 100 g Champignons
- 2 Zwiebeln oder 4 Schalotten
- 2 Stiele Selleriegrün oder 1 Stange Staudensellerie
- 750 g Fischabschnitte (Gräten und Köpfe von Weißfischen, z.B. Kabeljau, Zander)
- ¼ l trockener Weißwein
- Salz • 2 Lorbeerblätter
- 1 TL weiße Pfefferkörner
- einige Spritzer Zitronensaft

1 Porree putzen, waschen. in Ringe schneiden. Pilze putzen, waschen, klein schneiden. Zwiebeln schälen, grob würfeln. Selleriegrün waschen. Fischabschnitte gut abspülen.

2 1 ¾ l Wasser, Wein, Porree, Selleriegrün, Zwiebeln, Pilze, Fischabschnitte und ca. 1 TL Salz, Lorbeer und Pfefferkörner im Topf aufkochen. Alles offen bei schwacher Hitze 20–30 Minuten köcheln.

3 Brühe durch ein mit einem Mulltuch ausgelegtes Sieb abseihen, mit Zitronensaft abschmecken.

Das braucht man für eine gute Suppe

SUPPENFLEISCH sind Querrippe oder Beinscheiben vom Rind. Auch Sand- und Markknochen sind geeignet.

SUPPENGRÜN besteht aus Möhren, Knollensellerie, Porree, Petersilie und manchmal auch einer Petersilienwurzel.

BRÜHWÜRFEL und gekörnte Brühe erleichtern das Kochen von Suppen, geben aber auch anderem Würze.

HÜLSENFRÜCHTE aus der Dose ersparen das aufwändige Einweichen und Kochen. Gute Basis für Eintöpfe und Currys.

Kalt aufsetzen

Damit Suppenfleisch und -grün für eine kräftige Brühe gut **ausgekocht** werden, setzen Sie sie **kalt** auf. Ausnahme: Wenn Sie das Fleisch wie beim Tafelspitz verwenden möchten.

Das gibt Würze

Ein gemischtes Kräutersträußchen aus Petersilie, Lorbeer und Thymian **(Boquet garni)** oder eine mit Lorbeer und Nelken **gespickte Zwiebel** gibt feine Würze. Zum Schluss entfernen.

Instantprodukte

Brühwürfel und **Instantbrühe** ersparen das aufwändige Kochen eines Fonds. Edler im Geschmack, aber auch teurer sind **Pasten,** flüssige **Extrakte** (Flasche) oder **Fonds** (Glas).

Brühe entfetten

Heiße Brühe können Sie direkt entfetten, indem Sie ein Stück **Küchenpapier** auf die Oberfläche legen, damit es sich vollsaugt. Oder Fett mit dem Löffel abschöpfen. Von **kalt** gewordener Brühe können Sie die **Schicht** mit einem Löffel **abheben.**

Noch ein paar Tipps

- Klare Brühen können Sie prima **portionsweise einfrieren.** So haben Sie sie bei Bedarf immer zur Hand.
- Zum **Klären:** 250 g Rindertatar pro Liter in die kalte Brühe geben. Langsam erhitzen, ca. 10 Minuten sacht köcheln, abseihen.
- Portionsmengen: Als **Vorspeise** rechnet man **200–250 ml,** als **Hauptgericht 400–500 ml** Suppe pro Person.
- Heiße Suppen in **vorgewärmten Tellern** servieren.

Step-by-Step zur kräftigen Rindfleischsuppe

Eine klare Bouillon ist der Inbegriff für eine leckere gehaltvolle Suppe. Mit guten Zutaten und viel Liebe gekocht, ist sie einfach unschlagbar

2 l Wasser zum Kochen bringen. Die Markknochen darin ca. 2 Minuten sprudelnd kochen.

Knochen **in ein Sieb abgießen** und mit fließend kaltem Wasser **abspülen,** um den Schaum zu entfernen.

Das gibt Farbe: **1 Zwiebel** mit oder ohne Schale halbieren und im Suppentopf ohne Fett **gut anrösten.**

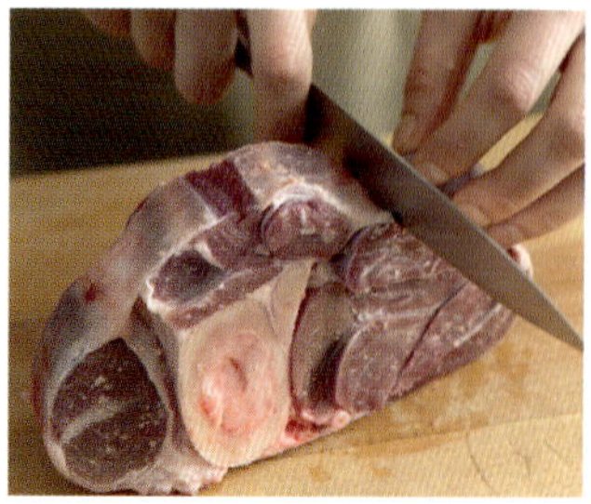

Suppenfleisch zuerst waschen und den Fettrand mit einem scharfen Messer rundum einritzen.

Die Zwiebel herausnehmen und etwas Öl im Topf erhitzen. Das Suppenfleisch **rundum anbraten.**

Die Knochen zufügen und alles **mit gut 2 l kaltem Wasser,** Lorbeer und Pfefferkörnern aufkochen.

Offen ca. 2 Stunden köcheln, dabei **entstehenden Schaum** mit einer Schaumkelle **öfter abschöpfen.**

Inzwischen **Suppengrün** putzen bzw. schälen und waschen. Hälfte grob, den Rest fein schneiden.

Das grob zerkleinerte Suppengemüse **nach ca. 1 Stunde** zur Brühe geben und **mitgaren.**

Fleisch aus der Brühe nehmen, etwas abkühlen lassen. Fleisch vom Knochen lösen, **klein schneiden.**

Sieb mit einem sauberen Tuch auslegen. Die **Brühe** in einen Topf **abseihen** und wieder aufkochen.

Fleisch wieder zugeben und das fein geschnittene Gemüse ca. 10 Minuten mitgaren. Abschmecken.

Das Werkzeug

Ein Suppenkoch braucht ca. 3 Töpfe: den **großen 5-l-Topf** zum Kochen der Brühe und für Eintöpfe. Einen **mittelgroßen 3-l-Topf** für die abgeseihten Brühen und Fonds. Einen **kleinen 1–2-l-Topf** für die Suppeneinlagen. Die Anschaffung eines **Schnellkochtopfes** lohnt sich für Eintöpfe mit Hülsenfrüchten oder Kohl, denn er verkürzt die Garzeit enorm.

Fürs Abseihen braucht man einen **Durchschlag** oder ein **großes feines Sieb** und ein **Mull- oder Seihtuch** zum Abgießen von klaren Brühen. Eine **Schaumkelle** hilft beim Abschäumen der Brühe und ein **Schneebesen** beim Glattrühren von Mehlschwitzen.

Für Cremesuppen ist ein **Pürierstab** oder ein Stabmixer zum Handrührgerät nötig. Der **Kartoffelstampfer** dient dem Zerkleinern von Kartoffeln und Gemüse. Zum Schluss kommt eine große **Suppenkelle** zum Einsatz.

Die besten Suppeneinlagen

In jede klare Brühe gehört eine leckere Einlage. Wenn Sie mehr als fertige Suppennudeln möchten – hier sind die Klassiker

Grießnockerln

ZUTATEN FÜR 4 PERSONEN

- 65 g weiche Butter
- 1 Ei (Gr. M)
- 100 g Weichweizengrieß
- Salz
- Muskat
- etwas Öl

1 Butter mit den Schneebesen des Handrührgerätes cremig rühren. Ei einrühren. Grieß und je 1 Prise Salz und Muskat zufügen, alles zur geschmeidigen Masse verrühren. Ca. 30 Minuten quellen lassen.

2 Mithilfe von zwei angefeuchteten Teelöffeln Nockerln abstechen. Auf eine mit Öl bestrichene Platte setzen.

3 Die Nockerln in heiße Brühe geben und 10–15 Minuten gar ziehen lassen.

Eierstich

ZUTATEN FÜR 4 PERSONEN

- Fett für die Form
- 2 Eier (Gr. M)
- ⅛ l Milch
- Salz
- Muskat
- Alufolie

1 Eine kleine Auflaufform oder vier Tassen fetten. Eier und Milch verquirlen. Mit Salz und Muskat würzen. In die Form füllen.

2 Form mit Alufolie verschließen und in einen flachen Topf stellen. So viel heißes Wasser angießen, dass die Form zu ⅔ im Wasser steht. Aufkochen, Masse 20–30 Minuten bei schwacher Hitze stocken lassen, bis sie fest ist.

3 Eierstich stürzen und in Würfel schneiden oder mit Förmchen ausstechen.

Kräuterflädle

ZUTATEN FÜR 4 PERSONEN

- ½ Bund Petersilie
- ½ Bund Schnittlauch
- 50–60 g Mehl
- 100 ml Milch
- 2 Eier (Gr. M)
- Salz • Muskat
- 2–3 TL Butter/Margarine

1 Kräuter waschen und sehr fein hacken bzw. in feine Röllchen schneiden.

2 Mehl, Milch und Eier zu einem glatten Teig verrühren. Kräuter unterrühren. Teig mit Salz und Muskat würzen, ca. 15 Minuten quellen lassen.

3 Fett portionsweise in einer kleinen beschichteten Pfanne (20 cm Ø) erhitzen. Aus dem Teig 3 dünne Pfannkuchen backen. Herausnehmen, aufrollen und in Scheiben schneiden.

Markklößchen

ZUTATEN FÜR CA. 20 KLÖSSCHEN

- 2–4 Rindermarkknochen (50–60 g Rindermark)
- 2–3 Stiele Petersilie
- 50–60 g Paniermehl
- 1 Ei (Gr. M) • Salz • Pfeffer

1 Markknochen ca. 30 Minuten in kaltes Wasser legen. Petersilie waschen, abzupfen und sehr fein hacken.

2 Mark herausdrücken und in einem Topf unter Rühren erwärmen, bis es geschmeidig wird. Paniermehl, Ei und Petersilie untermischen, mit Salz und Pfeffer würzen. Ca. 10 Minuten quellen lassen.

3 Masse mit angefeuchteten Händen zu kleinen Klößchen formen. In heißer Brühe 5–8 Minuten gar ziehen lassen. **Schnelle Alternative:** Klößchen aus rohem Bratwurstbrät, das direkt aus der Pelle in heißes Fett gedrückt und rundum gebraten wird.

Die Suppentypen

Klare Suppen

Klare **Brühen** (s. Grundrezepte S. 185) bestehen aus Wasser und dem Aroma von Knochen, Fleisch, Gemüse und Gewürzen.
Wird die Brühe danach noch mit Eiklar oder magerem Rindfleischtatar geklärt (s. S. 185), nennt man es **Kraftbrühe (Consommé)**.
Wird diese nochmals durch Einkochen konzentriert, heißt sie **Essenz** oder **Fond**.

Gebundene Suppen

Gemüse wird hierbei in der Brühe püriert oder zerstampft, was für eine Bindung der **Püreesuppen** reicht. **Samtsuppen** werden auf Grundlage einer Mehlschwitze aus Butter und Mehl zubereitet. Brühe oder Milch bildet den flüssigen Anteil. Man kann sie zum Schluss **mit Eigelb und/oder Sahne legieren:** Dazu Eigelb bzw. Sahne mit etwas von der heißen Suppe verquirlen. Alles unter die übrige Suppe rühren (nun nicht mehr kochen, sonst gerinnt das Ei).

Bunte Eintöpfe

Diese **sättigende Mahlzeit** aus Gemüse, Fleisch, Nudeln, Kartoffeln, Reis, Getreide oder Hülsenfrüchten wird in einem Topf gekocht und traditionell an Samstagen aufgetischt.

Kaltschalen

Früchte, Gemüse und evtl. Milchprodukte werden **püriert** und mit Zucker bzw. Gewürzen abgeschmeckt. **Gut durchgekühlt,** sind sie erfrischende Sommergerichte oder Desserts.

Rezepte von A bis Z